KB058572

디진
이끈
브랜딩

일러두기

✦ 책에 언급된 외국의 인명, 지명 등은 국립국어원의 외래어표기법을 준수했으나, 회사명, 제품명 등은 일반적으로 통용되는 표기가 있을 경우 이를 참고했다.

한 끗을 찾아 헤매는 마케터를 위한

김도환 지음

사람과 사회에 도움이 되는 것을

목표로 하는 브랜드가 많아지는 세상에서

나의 아내 J, 나의 아들 R과

함께 살아갈 수 있길 바라며.

당신은 브랜드를 모른다

그야말로 브랜드 전성시대다. 대기업이든 동네 카페든 너 나 할 거 없이 돈과 시간을 들여 브랜드를 만들고 있다. 끊임없이 변화하는 시대와 라이프 스타일에 맞춰 브랜드 솔루션도 각양각색이다. 개중에는 원래 가지고 있던 개성을 매력으로 승화시켜 많은 고객에게 사랑받는 브랜드의 반열에 오르기도 하지만, 대다수는 브랜드가, 브랜딩이 무엇인지 제대로 파악하지 못하고 헛발질하기 일쑤다.

그렇다면 브랜드란 무엇인가? 바로 고객의 마음을 얻기 위한 싸움이다. 당신이 남들보다 더 멋진 제품을 만들어도, 더 나은 기술과 서비스로 차별화를 꾀하여도 고객의 마음을 얻지 못하면 브랜드는 결코 성공할 수 없다. 심지어 시장에는 엇비슷한 제품과 서비스가 넘치고 제품마다 지닌 기능도 별반 다를 바 없다. 하루가 멀다고 혁신적인 제품이 출시되기 때문에 품질은 이제 충분조건이 아닌 필요조건이 된 세상이다. 또한 브랜드를 알리기 위해 펼치는 광고나 캠페인 또한 지나치게 많은 의미를 담고 있다 보니 고객의 마음에 세워진 심리적인 장벽을 넘어서기도 어렵다.

브랜드 전략 1
브랜드 인식을 개선하라, 당신부터

브랜드 전쟁에서 살아남기 위한 첫 단계는 스스로가 가진 브랜드에 대한 인식부터 바꾸는 것이다. 그다음 소비 사회의 성장과 진화 속에서 고객의 문제가 무엇인지 살피고 당신이 중요하다고 생각하는 열망과 가치를 제품과 서비스에 투영해 변화를 일으켜야 한다. 당신은 이런 변화 속에 고객을 끌어들이고 고객과 사회의 문제를 해결하기 위해 더 올바른 생각과 태도로 나아갈 것을 약속해야 한다. 단순히 고품질의 제품을 출시하거나 회사의 이미지나 명칭을 바꾸고 화려한 미사여구로 치장한다고 해서 결코 브랜드가 될 수 없다는 뜻이다.

잘못된 브랜드 인식

1. 브랜드는 경영 매니지먼트의 한 요소이다.
2. 브랜드는 뛰어난 성능을 지닌 혁신적인 제품이다.
3. 브랜드는 CI, BI, 네이밍, 심벌 및 로고 마크 등 디자인 결과물이다.
4. 브랜드는 감각적인 컨셉과 글로벌 감성의 디자인으로 창의력을 중요시한다.
5. 브랜드는 기업의 매출 극대화를 목표로 한다.

브랜드 전략 2
브랜드는 고객을 즐겁게 하는 것이다

세계적인 브랜드 마케팅 전문가 마티 뉴마이어Marty Neumeier는 브랜드, 크리에이티브, 디자인과 관련한 다양한 책을 남겼다. 그는 저서《브랜드 반란을 꿈꾸다ZAG》에서 고객을 즐겁게 함으로써 더 많은 사람이 더 오랫동안 더 높은 가격에 더 많은 제품을 사게끔 만드는 것이 브랜드의 본질이라고 밝혔다.

브랜딩은 그저 멋진 이미지를 뽑아내고 감성적인 아이덴티티를 구축하는 것이 아니라 고객에게 도움이 되는지, 고객이 행복을 느낄 수 있는지, 고객이 살아가는 사회 속 다양한 문제를 해결할 수 있는지 생각하고 한 단계 더 나아간 발상을 통해 고객에게 완전한 만족을 제공하는 것이다. 그러다 보면 고객과 브랜드 사이의 장벽이 허물어져 기업은 굳건한 신뢰를 얻을 수 있게 된다. 당신 브랜드의 장점을 고객이 먼저 알아보고 찾아온다고 상상해 보라. 즐겁고 설레지 않은가?

무인양품의 브랜딩 집약체, '양의 집'

몇 년 전 충청북도 진천에서 개최된 '하우스 비전 2022'✦에 방문한 적이 있다. 이 전시회에서 단연 돋보였던 것은 무인양품에서 선보였던 '양陽의 집'이었다.

이것은 무인양품의 브랜드 전략이 얼마나 뛰어난지 보여주는 가장 적절한 사례로, 조금 더 깊이 들여다볼 필요가 있다. 당신의 머릿속에 있는 잘못된 브랜드 인식을 고쳐줄 효과적인 처방전이 될 수 있기 때문이다.

이 책의 독자라면 브랜드에 관심이 많을 터이니 무인양품無印良品에 관한 정보를 이미 많이 가지고 있을 수 있다. 무인양품이라는 이름의 뜻이 '상표가 없는 좋은 물건'이라든지, 상품 기획

✦ 기업과 건축가, 크리에이터가 함께 집의 모습을 생각하면서 미래를 제시하는 전시회로 일본을 대표하는 커뮤니케이션 디자이너 하라 켄야의 주최로 2013년 일본 도쿄에서 처음 열렸다. 국내에서는 2022년 충북 진천군 이월면에 있는 '뤁스퀘어'에서 처음 개최되었다.

에서부터 제조, 유통 및 판매까지 전 과정을 기업이 직접 운영하면서 생활 잡화, 의류, 가구, 식료품 등 무려 7,000종 이상의 품목을 취급하는 일본의 대표적인 종합 유통기업이라든지 하는 것들 말이다.

그러나 무인양품이 그 어떤 마케팅 이론도 적용하지 않는다는 사실을 알고 있는가? 일반적으로 기업은 마케팅의 기본 이론인 'STP'(시장 세분화Segmentation, 목표 고객 설정Targeting, 제품 혹은 서비스의 위치 선정Positioning)를 기반으로 시장에 진출하는 반면, 무인양품은 '어디에서나 누구든 사용할 수 있는 제품'이라는 컨셉으로 제품을 만든다. 디자인과 색상은 매우 간결해 남녀노소 구애 없이 사용 가능하고, 가구와 수납함은 용도별로 호환되어 사람들의 기호와 상황에 따라 자유자재로 선택해 구매할 수 있다. 또한 합리적인 가격으로 실용성까지 갖췄다.

사실 무인양품의 이러한 전략은 당시 일본의 시대적 상황과도 연결되어 있다. 무인양품이 세상에 처음 출시된 1980년대 일본은 고도 경제성장기의 절정을 맞이하고 있었다. 곳곳에 화려한 디자인과 새로운 소재로 중무장한 제품들이 넘쳐났고, 유명 브랜드의 제품이라면 가격이 얼마든 아랑곳하지 않고 날개 돋친 듯 팔렸다. 그런 와중에 무인양품은 당시 과도한 소비 사회가 야기한 문제의 심각성을 느끼고, 사람과 사회에 도움이 되는 것을 목표로 올바른 생활 방식을 궁리하기 시작했다. 이들은 디

테일을 간소화하거나 생략해 단순한 스타일로 제품을 만들고 최적의 소재와 제조 방법을 모색하여 이유 있는 가격을 제안함으로써 사회 문제를 해결하는 첫걸음을 내디뎠다.

그로부터 40여 년이 지났지만, 무인양품이 추구하는 목표는 한결같다. 오히려 자신들의 생각을 제품에만 담지 않고 공공장소 리뉴얼 디자인,✦ 오래된 연립주택 리노베이션, 호텔✦✦ 등 다양한 사업으로 확장하면서 각종 사회 문제를 해결하기 위한 지속적인 시도를 하고 있다. 최근에는 지방 소멸로 인해 빈집과 같은 유휴 공간이 점차 많아지는 일본 소도시의 고택을 리모델링하여 숙박 시설✦✦✦로 바꾸는 등 사람들이 자연스럽게 무인양품의 인간적인 목소리에 공감할 수 있는 커뮤니케이션을 지향하고 있다.

✦ 2015년 4월에 리뉴얼 오픈을 한 일본 나리타 국제 공항 제3 터미널이 대표적이다. 게이트 라운지와 일본 공항 최대 규모의 푸드코트에 무인양품의 제품을 도입했다.

✦✦ 무인양품은 무지 호텔MUJI HOTEL이라는 이름으로 2018년부터 중국 선전과 베이징, 일본 도쿄 긴자에 숙박 시설을 오픈했다. 단순히 숙박을 위한 호텔이라기보다 무인양품의 제품을 체험해 볼 수 있는 쇼룸이자 일본 각지의 음식을 직접 먹을 수 있는 식당을 함께 운영 중이다.

✦✦✦ 2023년 9월 무인양품은 일본 지바현 가모가와시 구도심의 버려진 고택을 리모델링하여 에어비앤비와 협업해 숙박 시설을 오픈했다. 최소 2박 이상으로 예약이 가능한 이곳은 무인양품 공식 홈페이지와 에어비앤비를 통해서만 예약할 수 있다.

'양의 집'은 이러한 무인양품의 브랜드 전략 집약체이다. 집을 구성하는 모든 시설과 구조가 고정되어 있는 일반적인 주택과 달리, 그 집에서 생활하게 될 사람들의 방식대로 바꿀 수 있도록 벽을 없애는 등 공간의 역할을 고정하지 않았다. 그러면서도 고강도의 기둥과 보, 철근, 나무 등 튼튼한 소재를 활용해 지속 가능한 거주가 가능하도록 높은 품질로 시공했다. 또한 무인양품의 가구와 수납함 등의 제품들이 연계되게끔 설계에 반영하여 공간 낭비가 전혀 없는 구조로 만들었다.

이는 집이라는 개념을 돈과 규모와 같은 정량적인 것에서 벗어나 개인이 가진 삶의 가치에 대한 문제로 인식할 수 있도록 고민한 결과다. 또 집이란, 겉이 아무리 화려해도 결국 그 안에서 살아가는 사람들의 생활을 오롯이 담아내야 한다는 본질에 관한 접근이 반드시 필요하다. 양의 집을 디자인한 일본의 커뮤니케이션 디자이너이자 무인양품의 아트 디렉터인 하라 켄야 原 研哉가 집을 '구입하는 것에서 살아가는 사람들이 구상하는 것으로, 살기 좋은 집이라기보다 살아가는 방법에 눈뜨게 하는 집'으로 표현한 것과도 일맥상통하는 지점이다.

이 전시를 통해 무인양품이 집이라는 제품을 만들면서도 사람과 사회에 도움이 되는 것을 목표로 하고 있다는 것을 충분히 느낄 수 있었다. 기후 변화와 코로나19 등으로 도시를 벗어나 시골에서의 생활을 갈망하지만, 혼자 하는 시골 생활에 부담을 느끼는 도시민들을 위해 여럿이 함께 모여 생활할 수 있는 소규모 단지, 시골 생활을 간접적으로 체험할 수 있는 집 구독 서비스 등이 준비된 '빌리지 프로젝트'가 대표적이다. 이를 보면서 끊임없이 변화하는 시대와 라이프 스타일에 따른 맞춤형 솔루션을 제안하고 있는 것도 확인했다.

아주 훌륭한 전략이다. 이런 것들을 통해 시간이 지나고 브랜드 간 경쟁이 심화해도 무인양품의 가치는 결코 효력을 잃지 않으리라는 것을 확신했다. 그들은 고여 있지 않고 끊임없이 자신들의 철학에 맞춰 움직이고 있기 때문이다. 무인양품의 양의 집에 담긴 본질적인 가치에 대해 깊이 한번 생각해 보라. 그 과정을 통해 당신의 브랜드를 구축하기 위한 올바른 브랜드 인식을 가질 수 있을 것이다.

올바른 브랜드 인식

1. 브랜드는 더 나은 세상을 만들기 위한 약속이자 행동 강령이다.
2. 브랜드는 사람과 사회의 다양한 문제에 신경을 기울이는 일이다.
3. 브랜드는 진심을 통해 고객의 신뢰를 얻어내는 것이다.
4. 브랜드는 사람들의 마음속에 차이를 만드는 힘이다.
5. 브랜드는 수익을 목표가 아니라 결과라고 생각해야 한다.

브랜드 전략 3

브랜드는 고객에게 신경을 쓰는 일이다

다시 한번 말하지만, 제품과 서비스로 고객을 즐겁게 하는 시대는 끝났다. 생활 속 불편함을 개선해 줄 제품은 도처에 넘쳐나고 성능도 모두 일정 수준 이상이다. 그러나 당신의 브랜드를 포함한 대부분의 브랜드는 본인들의 약점을 발견하고 이를 보완하기 위한 시도에만 초점을 맞추고 있다. 장점을 강화하지 않고 약점으로 드러난 부분만 애써 고치고 덧대며 살아남기 위해 고군분투하는 중이다.

한 마디로 제품은 상향 평준화되었고 브랜드 활동은 하향 평준화된 세상이다. 맥도날드가 카페를 론칭하고 스타벅스가 아침 메뉴를 판매하는 현실을 생각해 보라. 전혀 다른 느낌의 브랜드가 경쟁하고 있는 모습이 참 우스꽝스럽지 않은가. 이런 시대가 도래했으니 무엇보다 중요한 건, 바로 고객이다. 다른 어떤 것보다 고객에게 신경 써야 함을 분명히 인식해야 한다. 그다음 당신의 브랜드가 지향하는 생각, 철학, 가치관, 의미를 담아 제품 및 서비스에 담아내야 한다.

케이스 스터디:
대한민국 최초의 건설 디벨로퍼, 건양사

고객에게 신경을 쓴 재미있는 옛 브랜드가 하나 있다. 바로 우리나라 최초의 근대적 건설 디벨로퍼였던 '건양사'이다. 창업자인 기농 정세권은 일제 강점기 일본인들의 대거 유입으로 인해 경성 내 조선인들의 터전이 사라질 위기에 처하자, 1920년대 후반 건양사를 설립했다. 그리고 경성 도심 일대의 오래된 주택을 사들여 매입한 주택을 근대식으로 개조해 조선인들에게 임대하기 시작했다.

1934년부터는 전통 한옥의 단점으로 지적되던 수도 설비와 구조를 개선해 효율성과 쾌적함을 높인 새로운 도심형 주택 브랜드 '건양 주택'을 보급했다. 그뿐만 아니라 빈민층을 위한 주택 할부 금융 서비스를 시행해 연부, 월부로 임대하는가 하면 조선의 생활 문화를 지속시키기 위해 양질의 '메이드 인 조선' 제품으로 구색을 갖춘 '장산사'라는 편집매장을 오픈했고, 그 제품들의 가치와 함께 상점이 지향하는 라이프 스타일을 담아 〈실생활〉이라는 잡지 형태의 간행물을 발행하기도 했다.

창업자인 정세권은 조선어학회, 신간회 등을 지원하며 민족운동에도 적극적으로 참여했다. 그는 일제 강점기를 살아가야 했던 사업가로서 '조선의 주거문화를 보존하고, 조선인들의 생활 문화를 보호하는' 그야말로 고객에게 신경을 쓰면서도 명확한 의도와 철학을 제품에 담아 선보였다.

한번 비교해 보자. 오로지 판매에만 급급하고 판매 이후에는 고객이 어떻게 느끼고 생각할지에 대해 전혀 고민하지 않는 기업과 무형의 자산(조선의 주거문화 보존, 조선인들의 생활 문화 보호)을 유형의 제품(건양 주택, 장산사, 〈실생활〉)에 녹여 사람들에게 제안하는 건양사 중 어떤 브랜드가 고객에게 더 신경을 쓰고 있다고 느끼는가? 고객에게 한껏 주의를 기울이고 더 나은 세상을 향해 나아가는 것이 브랜딩이다. 당신도 할 수 있다. 설령 당신이 더는 세상에 존재하지 않아도 당신의 브랜드만큼은 그 자리를 지키고, 계속해서 명확한 브랜드 의도로 고객에게 집중할 수 있다. 현재 서울 북촌 한옥 마을 일대에 있는 건양 주택의 한옥들처럼 말이다.

이제 브랜드에 대해서 조금 깨달은 바가 있는가? 애석하게도 당신이 잘못된 브랜드 인식에서 벗어나 올바른 브랜드 전략에 관한 감을 잡았더라도 당신의 브랜드를 제대로 꾸려갈 수 있는 단계는 아니다. 아직 알아야 할 것이 남아 있다는 뜻이다.

바로 시대의 변화에 따라 소비의 기준이 바뀌고 있다는 사실이다.

예컨대 과거의 산업화 시대에는 제품의 품질이나 성능보다 고객이 필요한 제품을 저렴하게 출시하면 잘 팔렸다. 그렇다 보니 기업의 목표는 제품을 표준화하여 생산 원가를 낮춰 더 낮은 가격으로 더 많은 고객을 끌어들이는 것이었다. 그런데 인터넷이 보급되면서 정보화 시대가 열리자 고객은 각종 정보에 눈을 뜨기 시작했다. 물리적 필요에 의해서만 제품을 구매하는 시대는 저물고, 여러 제품을 꼼꼼히 비교해 가며 장단점을 분석하는 똑똑한 소비자들이 몰려온 것이다. 그러자 기업은 고객을 왕으로 모시면서 그들이 원하는 것을 귀담아듣고, 다양한 종류와 기능의 제품들을 출시하며 고객을 감동시키기 위한 서비스에 주력했다. 그러나 이때까지도 기업이 소비 시장의 주체이고 고객은 수동적인 입장이라는 것이 지배적인 견해였다.

오늘날 새로운 시대는 어떨까? 고객은 이제 수동적인 입장에서 벗어나 오히려 시장을 이끌고 있다. 이들은 제품을 그저 필요나 욕구를 채우기 위해 구매하는 것이 아니라, 자신들의 삶과 가치관을 나타내는 척도로 인식하고 있다. 심지어 브랜드의 사회적 책임 활동도 구매의 기준으로 삼는다. 다시 말하면 '어떤 브랜드에 대해 느끼는 신뢰의 정도'에 따라 지갑을 여는 것이다.

앞으로 더 자세히 설명하겠지만, 파타고니아의 레트로X 재킷은 유니클로의 플리스 재킷보다 무려 10배가량 더 비싸다. 보온성만 놓고 따지자면 비교가 어렵다. 그렇다면 파타고니아의 레트로X 재킷을 사는 것은 돈 낭비일까? 결코 돈 낭비가 아니다. 그 옷은 30만원 이상의 가치를 지니고 있다. 파타고니아는 소비자가 더 나은 사람이 되게끔 만들기 때문이다. 환경을 생각하고 지구의 미래를 지키는 데 동참하고 있다는 '좋은 느낌'을 제공하면서, 고객이 쉽게 마음의 문을 열도록 이끈다. 파타고니아에 대한 애정을 보이는 고객은 마치 파타고니아의 세계관에 들어가 게임하듯 옷을 입고 구매하는 것이다.

당신의 브랜드가 이상한 나라에 빠진 앨리스처럼 되기 전에 바로 잡아야 한다. 멋진 심벌 마크만 있으면 된다는 생각, 기업의 가치 체계 따위는 필요 없이 화려한 디자인이 수놓아진 제품만 있으면 된다는 생각, 고가의 하이엔드 제품으로 고객의 마음을 사로잡을 수 있다는 생각은 망상이다. 브랜드를 제대로 만들기 위해선 반드시 버려야 하는 것들이다.

당신이 이 책을 통해 브랜드의 본질을 논리적으로 검증하고 잘못된 생각을 바꿀 수 있기를 바란다.

목차

7장 브랜드 프레임 ⑤ 리씽커

8장 브랜드 프레임 ⑥ 혁신가

9장 브랜드 프레임 ⑦ 엔지니어

10장 브랜드 프레임 ⑧ 마스터

11장 브랜드 프레임 ⑨ 집사

12장 브랜드 프레임 ⑩ 디자이너

13장 브랜드의 진실

1장

고객은 당신의 제품을 원하지 않는다

THIS IS BRANDING

01

소비의 기준이 바뀌고 있다

어렸을 때 포켓몬 빵을 먹어본 기억이 있는가? 2022년, SPC 삼립이 복각한 추억의 '포켓몬 빵'은 약 1년 동안 누적 판매량 1억 개를 돌파했다. 일시적인 유행이라는 일각의 관측과 다르게 계속해서 완판 행진을 이어가더니, 식품·유통·패션 등 다양한 산업군도 포켓몬 빵 열풍에 편승하면서 포켓몬 대란이 펼쳐졌다. 인터넷 커뮤니티에서 재고가 남아 있는 구매처를 공유하고 물류차를 따라 편의점 오픈런을 뛰는 등 이색적인 상황이 벌어졌다. 이전에도 다양한 종류의 캐릭터 빵이 있었고 그것들이 인기를 끈 적도 있었지만, 이 정도의 품귀 현상으로 이어지진 않았다. 일부 전문가들은 과거 팔도의 꼬꼬면과 해태제과의 허니

버터칩에서 드러났던 증설의 저주✦를 피하기 위한 제조사의 공급 전략이자, 시장 지배를 공고하게 유지하기 위한 일종의 꼼수라고 지적했다.

그런데 포켓몬 빵의 인기는 다른 사례와 사뭇 달랐다. 당시 이 제품의 신드롬은 자신만의 개성을 상징하고 표현할 희소성 있는 제품을 원하는 2030세대의 수요가 공급을 초과한 탓에 벌어진 일이었다. 이처럼 원하는 제품을 얻기 위해서라면 어떠한 희생과 비용을 감수할 만반의 준비가 된 이들이 점점 더 늘어나고 있다. 이미 명품 및 한정판 구매를 위해 매장 오픈 전부터 줄이 길게 늘어선 모습이나 프리미엄이 붙은 리셀 제품을 고가에 구매하는 모습을 통해서도 여실히 입증되었다.

포켓몬 빵 신드롬에 대해 미디어 연구자이자 문화평론가인 김내훈은 미래를 위한 자산 축적에 환멸을 느낀 2030세대가 현재 자신이 좋아하는 것에 돈을 아끼지 않는 것이라고 규정했다.✦✦ 그는 이를 비관적인 견해로 바라보며 이렇게 썼다. "갈수록 일상과 노동시간의 구분이 희미해짐에 따라 현대인은 점점

✦ 증설을 통한 공급량 확대가 제품이 가진 희소성을 감소시켜 수요가 대폭 반감되는 상황을 뜻한다. 꼬꼬면과 허니버터칩 등이 열풍에 올라타 공급량을 확대했다가 되레 인기가 식어버린 사례가 대표적이다.

✦✦ 〈한겨레〉, 포켓몬빵 역풍의 역설…"미래가 서서히 중단되고 있어서", 2022년 3월 19일.

더 시침과 분침에 얽매여 살아야만 하게 되었고 그 결과 통시적인 시간의 흐름을 망각하게 되었다. 시간관념은 상실되고 지금 이 순간 여기의 나의 상태, 나의 기분만 남게 되었다. 그래서 지금 당장의 나의 형편, 나의 정서가 과거의 기억에까지 소급되며 평가의 기준이 된다."

그러나 나는 이렇게 비관적으로만 바라볼 일이 아니라고 생각한다. 영국의 비평가이자 소설가인 존 버거John Berger는 저서 《다른 방식으로 보기Ways of Seeing》에서 사람은 사물을 결코 한 가지 시각에서만 보지 않는다고 주장했다. 우리의 시각은 끊임없이 능동적으로 움직이고, 시각 안에 들어온 사물을 훑어보면서, 동시에 사회 속 자신의 위치도 가늠한다는 것이다. 우리가 어떤 것을 볼 수 있게 되자마자 타인도 우리를 볼 수 있다는 사실을 의식하기 때문이다. 그러면서 버거는 타인의 시선과 우리의 시선이 결합함으로써 우리 스스로 가시적 세계의 일부라는 사실을 납득할 수 있게 된다고 덧붙였다.

다소 투박한 표현이지만, 면밀히 살펴보면 오늘날의 소비 행위는 일종의 관계 맺기다. 특히 각종 SNS가 발달하면서 관계 맺기를 기반으로 하는 소비는 더욱 크게 주목받고 있다. 우리는 여행을 가서 고급 호텔에 숙박하거나 현지 유명한 맛집에 들르면 어김없이 SNS에 게시한다. 일기처럼 일상을 기록하려는 목적도 있겠지만, 지인들에게 보여주려는 의도도 분명히 내재되어 있다. 자신의 소비를 통해 타인과 교류하고 싶은 욕망을 드러내는 것이다.

한편으로는 이와 같은 관계 맺기 소비가 오늘날의 브랜드 개념을 더욱 발전시키는 계기가 된 면도 있다. 과거의 마케팅이 제품의 독특한 특징이나 기능 등을 알리는 데 주력했다면 현재는 고객이 제품을 통해 자기 정체성을 드러낼 수 있도록 끌어내는 것이 중요하다. 따라서 고객이 제품을 구매하는 결정적인 계기는 제품의 기능이나 특장점이 아니라 고객의 가치관을 드러낼 수 있도록 만드는 혹은 만들 수 있다는 믿음이다.

케이스 스터디:
요가복을 팔지 않는 요가복 브랜드, 룰루레몬

얼마 전 평일 오전, 나는 서울 강남구 청담동의 룰루레몬lululemon 플래그십 스토어를 방문했다. 고객은 대부분 여성으로 20대부터 60대까지 연령대가 다양했다. 하나같이 즐거운 표정으로 선반을 둘러보고 있었고, 매장 안쪽 탈의실 앞에선 2명의 여성이 열띤 토론을 벌이고 있었다. 여러 원단으로 제작된 하의를 입어 보며 비교 분석을 하는 사람도 보였다. 지켜보던 직원은 원단에 관해 설명하면서 고객의 체형에 가장 잘 맞는 옷이라고 엄지를 세웠다.

매장 입구에선 한 직원이 3명의 여성을 반갑게 맞이했다. 그 날 저녁 지하에서 열리는 요가 수업에 참여하러 왔다는 그들은 날씨가 부쩍 더워져 땀 배출이 잘 되는 소재의 의류를 보고 싶다고 직원에게 요청했다.

게스트와 에듀케이터가 이루는 커뮤니티

룰루레몬에서는 고객을 게스트로, 직원은 에듀케이터로 부른다. 굳이 에듀케이터, 즉 교육자라고 부르는 이유는 무엇일까? 이 직원들은 단순히 재고 확인이나 결제 같은 쇼핑 도우미 역할만 맡은 게 아니라, 게스트에게 제품에 관해 설명하고 고객의 체형과 구매 목적에 가장 잘 어울릴 만한 것을 골라주기 때문이다.

언뜻 보기에는 그저 평범한 매장일 뿐인데, 그 속을 들여다보니 마치 친한 친구들과 사교모임을 하는 커뮤니티 같았다. 낯선 광경을 보자 호기심이 동했다. 요가 바지를 10만 원이 훌쩍 뛰어넘는 가격에 팔고 있는데도 날개 돋친 듯 팔려서 '요가복 업계의 샤넬'이란 별명도 생긴 룰루레몬은 왜 적극적으로 제품 구매를 유도하지 않고 게스트와 대화만 하는 걸까? 마침 한 에듀케이터가 내 앞을 지나가기에 질문을 던졌다. "조금 전에 매장 입구에서 반갑게 맞이했던 사람은 누구인가요?" 그녀는 곧바로 이렇게 말했다. "오늘 지하에서 열리는 요가 수업에 참여하러 온 게스트들이에요. 마침 땀 배출이 잘 되는 소재의 옷을 보고 싶다고 해서 제가 여러 원단으로 제작된 하의를 입어 보며 비교 분석을 하고 있었어요."

삶의 질을 높이는 방법을 제안하는 브랜드

그녀는 요가 수업에 대해서 말을 이어갔다. "우리는 게스트를 대상으로 요가, 러닝, 마인드풀 러닝, 현대무용, 퍼포먼스 트레이닝 등 매달 다양한 강좌를 개설해요. 매장을 체험 공간으로 활용해 무료로 진행하고 있죠. 우리는 새로운 매장을 열기 1년 전부터 무료 강좌를 진행할 커뮤니티 대사를 임명해요. 대사는 게스트를 대상으로 무료 강좌를 진행하는 대신, 각종 할인 혜택을 받고 룰루레몬 웹사이트와 매장 등에서 자신들의 강습 프로그램을 홍보할 수 있는 권한을 부여받죠." 나는 그녀에게 이 모든 것들이 고객관계관리CRM마케팅의 일환이냐고 묻자 이런 대답이 돌아왔다. "우리는 게스트들에게 요가복을 판매하는 것을 목표로 내세우지 않아요. 대신 요가를 배우면서 내면을 채우고 삶의 질을 높일 방법을 제공하며 이상적인 삶을 살 수 있도록 격려해요. 저도 게스트와 함께 '요즘 도전하고 있는 일', '직장과 가정에서의 워라밸' 같은 일상적인 주제를 가지고 대화해요."

매출은 목표가 아닌 결과

실제로 룰루레몬은 고객 충성도를 높이기 위한 다수의 프로모션이나 이벤트는 진행하지 않고 광고도 하지 않는다. 심지어 제품 태그나 포장을 뜯으면 환불 및 교환이 불가하다는 엄격한 정책을 유지한다. 인기 상품은 제한적으로 생산하면서 신제품 교체 주기를 짧게 유지해 재고가 있을 때 반드시 사야 한다는 불안감을 조성시키기도 한다. 언뜻 봐선 불친절하고 오만해 보이는 면도 있는 브랜드인 셈이다. 그러나 동등한 친구 자격으로 고객과 대화하고 구매 이후에도 사용 경험을 개선하려는 참여 프로그램이 이어지는 것, 사회적 가치를 창출할 수 있는 다양한 캠페인을 전개한 룰루레몬의 노력에 고객들은 제품 구매로 화답했다. 2023년 룰루레몬의 연간 매출액은 96억 달러(한화 기준 13.2조 원)로 전년 대비 무려 19%가 증가했다.

02

브랜드가 소비의 기준이 되다

브랜드가 소비의 기준이 된 전형적인 브랜드가 룰루레몬이다. 불친절한 교환 및 환불 서비스, 할인 행사도 거의 없고 대량 생산을 하지 않는 탓에 인기 상품은 조기 품절되는 브랜드. 그러나 고객의 삶을 응원하고 함께 더 나은 미래를 꿈꾸는 '츤데레' 같은 브랜드.

고객은 당신의 제품을 원하지 않는다. 비슷비슷한 제품이 넘쳐나는 시장에서 그들은 사양을 꼼꼼히 비교해 따지며 장점을 찾기보다는 제품을 통해 자기 정체성을 드러낼 것을 고려해 구매한다. 자기의 정체성을 명확하게 만들 수 있는 제품이라면 실제로 지불해야 하는 가격보다 더 큰 심리적 만족감을 얻는다.

고객 구매 행동 모델의 변화 (5A 이론과 AIDA 이론, 4A 이론)

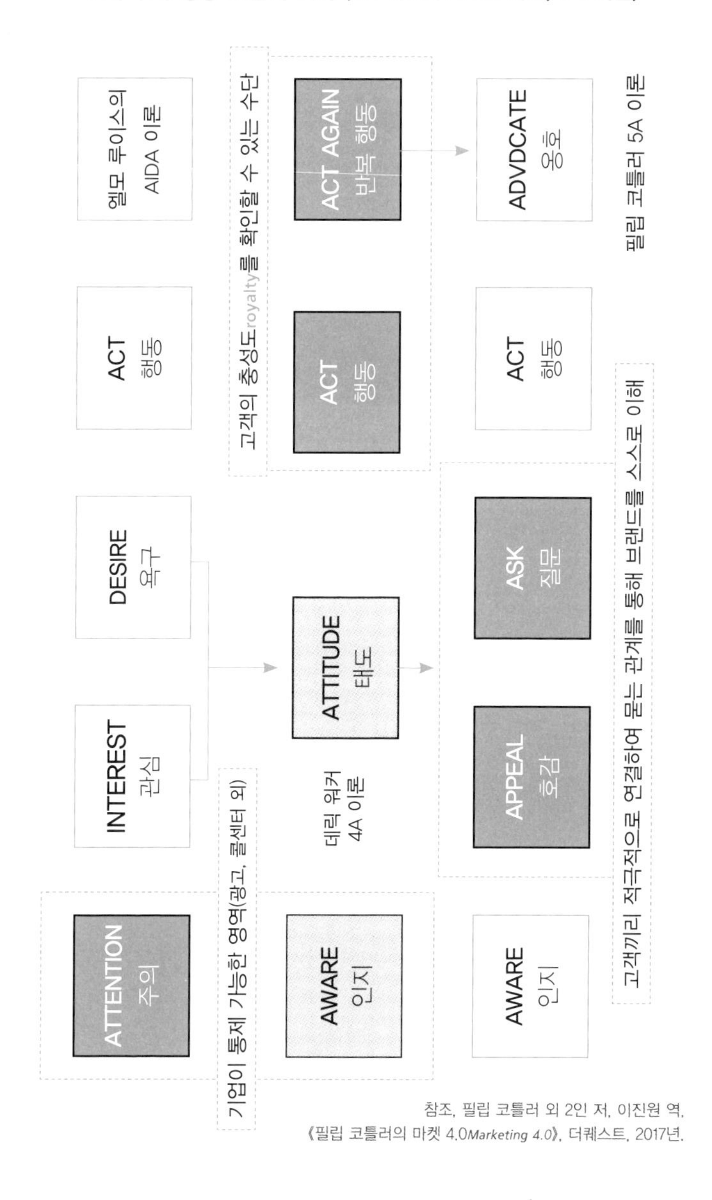

참조, 필립 코틀러 외 2인 저, 이진원 역,
《필립 코틀러의 마켓 4.0*Marketing 4.0*》, 더퀘스트, 2017년.

아리스토텔레스가 플라톤에게 "머리에 호소하면 사람들의 고개를 끄덕이게 할 수 있지만, 마음에 호소하면 사람들을 당장 움직일 수 있다"라고 했다는 말과도 일맥상통하는 지점이다.

이제는 기업이 고객을 통제할 수 없다

그런데 이러한 흐름은 시대의 변화와도 밀접한 관련이 있다. 시대가 바뀌면서 고객이 제품을 사는 경로 역시 달라진 것이다. 필립 코틀러Philip Kotler가 제시한 '5A(인지·호감·질문·행동·옹호) 이론'은 앞서 나왔던 마케팅 이론들처럼 기업의 적극적인 광고·홍보 활동이 고객 행동을 유도하고 통제할 수 있다는 기업의 관점에서 벗어났다. 5A 이론은 기업과의 관계 속에서 고객이 적극적으로 묻고 답하며 제품을 스스로 이해한다는 고객 중심의 관점을 제시했다. 요컨대 최근의 고객은 기업의 광고에 수동적으로 노출되더라도 스스로 그 메시지를 처리하면서 호감과 거부감을 표현하는 능동적인 태도를 보인다는 것이다. 이러한 이론이 나온 배경에 시장을 움직이는 권한이 기업에서 고객으로 이양되어 온 변화가 있다.

이제 고객은 더 이상 기업이 통제할 수 있는 영역에 머무르지 않는다. 고객 자신이 직접 겪은 경험이나 가까운 주변 사람들의 입소문, 독립적인 온라인 커뮤니티를 통해 개인적인 기호를 드러낸다. 게다가 그저 필요하니까 제품을 구매하는 것에서 벗어나, 자신의 삶과 가치관을 나타내는 척도이자 아이템으로 삼기 위해 소비한다. 다양한 '아이템(제품)'을 써서 자신의 센스를 돋보이게끔 하는, 일종의 편집 능력을 행사하는 셈이다. 자연스레 자신의 센스를 증명할 수 있는 상품 이면의 가치에 주목하게 됐고, 상품의 기능, 디자인, 재미 등 눈에 보이지 않게 만족도를 높이는 지점에도 신경을 쓰면서 브랜드가 얼마나 다양한 활동을 선보이는가에 흥미를 가진다.

고객 구매 행동 모델의 변화에 따른 기업 판매 방법 변화

《브랜드 갭*The Brand Gap*》의 도표를 기반으로
《마켓 3.0*Marketing 3.0*》, 《디퍼런트*Different*》 속 내용을 편집해 정리했다.

브랜드 전쟁에서 살아남는 방법

여기까지 읽었다면, 더는 전통적인 마케팅 과정의 확장 모형을 토대로 고객에게 다가설 수 없다는 사실을 깨달았을 것이다. 개인의 정체성과 취향을 더 중요시하는 고객은 제품의 특별한 기능이나 장점을 찾기보다는 제품을 통해 투영되는 자신의 매력을 높이기 위해 소비를 한다는 것도 파악했을 것이다. 지금부터 당신이 해야 할 일은, 여지껏 흔하게 통용된 마케팅의 4P 전략(제품Product, 가격Price, 판촉Promotion, 유통 경로Place)이 아닌 '새로운 4P 전략(제품Product, 사람People, 전문성Professional, 약속Promise)'으로 당신의 브랜드를 만드는 것이다. 브랜드 전쟁에서 살아남기 위해서는 제대로 된 브랜드를 만들어야만 한다.

새로운 4P 전략

그렇다면 새로운 4P 전략은 무엇일까? 앞에서 언급했던 룰루레몬 이야기로 돌아가 보자. 나는 룰루레몬의 놀라운 성공에 새로운 4P 전략이 전부 포함되어 있다는 사실을 알게 되었다.

새로운 4P 가치

Product	People
"이 물건은 역시 이 브랜드 제품이지"라고 고객이 명확하게 인지하고 있는 브랜드. 제품의 기능적인 디자인(우수한 성능 및 품질)과 장식적인 디자인(외관 이미지)이 이상적인 형태로 구성되어 최고의 제품 경험을 제공한다.	**"이 브랜드 사람들은 믿을 수 있어"라고 고객이 자신 있게 말할 수 있는 브랜드.** 마케팅 전략을 통해 제품 판매에만 열을 올리지 않고, 고객의 문제를 해결하기 위해 노력하면서 진정성 있는 고객 관계를 구축한다.
Professional	**Promise**
"이 브랜드 제품은 믿고 살 수 있어"라고 고객이 명확하게 이야기할 수 있는 브랜드. 제품에 대한 존재 방식과 특별한 이야기를 기반으로 최적의 전문 지식을 지속적으로 공급하고 다양한 컨시어지 서비스를 제공하여 고객의 숨은 니즈를 해소한다.	**"우리의 말이 곧 우리의 무기야"라고 다짐하며 고객과의 약속을 지키기 위해 헌신하는 브랜드.** 세상을 변화시키기 위해 노력하거나 고객을 위해 의미 있는 혁신을 제공하면서 고객 완전 만족을 달성하기 위해 노력한다.

Product, 제품

룰루레몬은 창업 초기부터 품질을 중시했다. 창업자 칩 윌슨Chip Wilson은 당시 대부분의 요가복이 통기성이 좋지 않고 땀에 젖으면 금세 마르지 않는 면 소재인 점에서 착안하여 나일론과 라이크라로 구성된 새로운 소재, 루온을 개발해 요가복의 기능성을 대폭 개선했다. 더불어 고성능 재봉틀을 들여와 요가 바지의 봉제 라인을 평평하게 꿰맬 수 있는 기술까지 터득하여 맨몸에 닿는 미묘한 솔기까지 사전에 제거했다.

2013년에는 불량 제품의 리콜 사태로 6,000만 달러에 이르는 손해를 보기도 했지만, 이러한 위기를 극복하고 스포츠웨어의 신흥강자로 거듭나고 있는 이유도 지속적인 자체 원단 개발을 기반으로 최고의 품질과 훌륭한 경험을 제공하기 때문이다. 최근에는 2025년까지 지속 가능한 원자재를 개발해 전체 컬렉션의 100%를 만드는 것을 목표로 하고 있다.

People, 사람

제대로 된 브랜드는 기업의 이익을 위해 마케팅을 이용하지 않는다. 이들은 마케팅을 활용해 고객의 문제를 해결하기 위해 노력한다. 그리고 또 하나의 특징은 자사 제품만의 존재 방식과 특별한 이야기를 보유하고 있다는 것이다. 룰루레몬은 창업자 칩 윌슨의 개인 비전이자 룰루레몬의 기업 비전과 핵심 가치를 1998년 이래로 지금까지 기업의 목표로 규정하고 실현하기 위해 노력하고 있다. 이러한 기업의 비즈니스 문화의 핵심은 바로 '고객 중심'이다. 그들은 고객을 우선적으로 생각해 매장을 구성하고 제공하는 서비스와 제품에 고객이 만족한다면 스스로 재방문하여 룰루레몬의 일부가 된다고 믿는다.

Professional, 전문성

룰루레몬은 다른 경쟁사들과 달리 마케팅을 하지 않는다. 고객을 위한 프로모션이나 이벤트 진행도 없다. 대신 룰루레몬은 매장에서 고객들에게 직접적으로 메시지를 전달하는 전략적인 방법을 고수한다. 룰루레몬은 매장을 체험 공간으로 활용해 매달 다양한 무료 강좌를 개설하는 등 컨시어지형 서비스를 제공한다.

이들은 우선 새로운 매장을 열기 1년 전부터 무료 강좌를 진행할 '커뮤니티 대사'를 임명한다. 요가뿐 아니라 현대무용, 퍼포먼스 트레이닝, 러닝, 하이킹, 필라테스 등의 분야의 전문성을 두루 갖춘 대사는 고객들과 함께 다양한 의류와 장비를 시험하면서 최적의 운동지식과 제품 활용방식을 지속적으로 제공한다.

Promise, 약속

룰루레몬은 고객에게 요가복을 판매하는 것을 목표로 내세우지 않는다. 대신 요가를 배우면서 내면을 채우고 삶의 질을 높이는 방법을 제공하고, 이상적인 삶을 살 수 있도록 격려한다. 룰루레몬의 쇼핑백에는 '매일 한가지씩 새로운 것에 도전하라', '라이트 형제가 발명한 최초의 비행기가 없었다면, 제트기가 나올 수 없었다. 위대함은 어딘가에서 시작되어야 한다' 같은 그들의 비전 선언문이 적혀 있다.

룰루레몬은 '스웨트 라이프The Sweat Life(땀 흘리는 즐거움과 마음 챙김을 나누는 가치)'라는 브랜드 메시지를 기반으로 고객에게 자신만의 건강한 삶을 살아가는 방법을 제안하고, 나라는 존재와 품격을 스스로 완성시킬 수 있는 기회를 제공한다. 다양한 운동을 통해 신체를 단련하는 일 역시 나라는 존재와 품격을 완성하는 여러 요소 중 하나로 자리하길 바라면서 고객에게 끊임없는 동기부여와 희망을 약속을 제안한다.

룰루레몬의 사례를 통해, 제대로 된 브랜드는 눈에 보이지 않지만 살아가는 데 꼭 필요한 공기와도 같은 성격을 지녔다는 사실을 알게 됐다. 그런 무형의 자산을 유형의 제품, 서비스에 녹여 사람들에게 제안하는 브랜드만이 살아남는 시대가 온 것이다.

2장

브랜드 전쟁을 승리로 이끄는 10개의 브랜드 프레임

THIS IS BRANDING

01

고객이 원하는 대답을 찾아라

당신에게 창업의 꿈이 생겼다고 가정해 보자. 사업 아이템으로 전형적인 서점에서 벗어나 커피, 맥주, 와인, 식사, 그 밖에 다양한 이벤트를 제공하며 책도 함께 파는 레스토랑을 꿈꾸는 상황이라고 하자. 아마 당신은 비슷한 형태로 운영 중인 여러 서점을 방문하며 거창하고 위대한 꿈을 위한 도전에 나설 것이다. 일단 무난한 전략은 유사한 모델 중 최근 몇 년간 가장 주목받은 츠타야 티사이트T-Site와 비슷한 스타일을 구상하는 것이다. 매장 크기는 흉내 낼 수 없어도 인테리어는 대충 비슷하게 할 수 있다. 세련된 외관과 구색만 갖춘다면 다른 것은 크게 중요하지 않다.

도서는 베스트셀러, 스테디셀러, 신간 도서, 잡지 등 일반 서점과 다를 바 없게 준비하자. 더불어 많은 고객에게 사랑받고 전국적으로 유명한 프랜차이즈 커피 브랜드와 협업하여 우수한 품질의 커피를 납품받는 데 드는 비용은 줄이자. 음식이나 디저트도 전문 요리사를 고용하기보다 레시피를 구매하여 비슷하게 만들자. 시즌 과일에 생크림을 잔뜩 바른 케이크를 명품 브랜드의 접시에 근사하게 담아 제공한다면, SNS에서 금방 핫플로 등극할 수 있지 않을까. 매장 내부에서 판매하는 생활용품이나 소품 등은 온라인에서 유명한 브랜드의 제품을 납품받으면 금상첨화다.

당신이 꿈꾸는 책을 파는 레스토랑을 새로운 4P 전략으로 요약하면 다음과 같을 것이다. 그런데 이걸로 정말 괜찮을까?

당신의 '책을 파는 레스토랑'의 새로운 4P 전략

1. **Product** : 신간 도서, 베스트셀러 도서, 잡지, 평범한 커피 원두, 케이크.
2. **People**: 고객보다는 판매를 우선적으로 생각해 매장을 구성.
3. **Professional** : 광고를 통해 확보된 고객이 물건을 구매할 수 있는 것에 중점.
4. **Promise** : 오로지 매출 지향적인 사고.

케이스 스터디:
고객에 몰입한 브랜드, 츠타야 티사이트

츠타야는 라이프 스타일 기획사 CCCCulture Convenience Club가 운영하는 일본의 서점 및 DVD 대여·판매 체인이다. 1983년 마스다 무네아키增田 宗昭가 자신의 고향인 오사카부 히라카타시에서 사업을 시작한 지 1년 만에 55개의 프랜차이즈를 두면서 성공 가도를 달렸다. 1985년에는 본격적인 프랜차이즈 사업의 관리를 위해 현재의 모기업을 만들었다.

츠타야는 창업 초기부터 매우 혁신적인 비즈니스 모델이었다. 당시만 하더라도 책은 서점에서, 음반은 음반 판매 전문점에서 따로 구입하는 것이 일반적이었다. 그러나 사장 마스다의 생각은 달랐다. 별개로 구분되던 책과 음반, 비디오 등을 하나의 문화콘텐츠 묶음으로 규정했다. 그러나 단순히 상품을 모으는 데서 그친 게 아니라, 고객이 각자의 취향에 따른 책과 음악, 영화를 선택하고 그것을 통해 자신의 라이프 스타일을 발견할 수 있게 제안했다. 그런 의도로 상품들을 편집한 공간이 츠타야였던 것이다.

그는 어떻게 이런 사업을 구상할 수 있었을까? 단순히 시대의 흐름을 잘 탔다고 치부할 일이 아니다. 철저히 고객 중심의 사고가 있었기 때문에 가능했다. 당시 일본은 제2차 세계대전

이후 태어난 베이비붐 세대인 '단카이 세대'가 생산과 소비의 주역으로 우뚝 서고 있었다. 이들은 1970년대에 이미 새로운 유행과 문화를 주도하는 핵심 소비층으로 성장했다. 1980년대에 들어 안정된 직장과 수입을 얻으면서부터는 상품을 단순히 소비하는 것을 넘어 자기 생각과 가치관을 나타내는 아이콘으로 인식하기 시작했다. 츠타야는 바로 이런 고객의 변화에 주목했고, 이전까지 없었던 새로운 스타일의 서비스를 제공해야 한다는 결론을 내렸다. 많은 사람들의 이목을 집중시키며 성장세도 이어져 1990년대까지 고속 성장은 계속됐다.

그러나 츠타야가 고속성장기를 지나 지금까지도 주목을 받는 이유는 스스로 성공의 척도를 여러 번 경신했다는 데 있다. 사회·문화·경제적 변화에 따라 움직이는 고객의 요구를 충실히 반영한 것이다. 특히 2003년 도쿄 롯폰기힐스에 입점한 츠타야 매장은 일본 최초로 서점과 스타벅스를 융합시킨 공간을 마련했다. 이 매장에 들른 손님은 누구든지 마음에 드는 책을 골라 카페에 앉아 책을 읽을 수 있었다. 커피와 책을 그저 팔기 위한 상품으로만 생각했다면 내놓을 수 없는 전략이었다. 그 결과 이 매장은 열광적인 반응을 이끌어냈고, 2011년에 이르러 다시 한번 선보인 새로운 변화의 시초가 되었다. 그 주인공이 바로 한국의 청담동과 비견되는 동네인 다이칸야마에 약 3,600평 규모의 넓은 공간을 확보하고 서점과 카페, 식당, 편의점 및 각종

츠타야 티사이트의 새로운 4P 전략

1. **Product** : 서점이 책을 구매하는 장소라는 인식을 바꿔 서적을 매개로 다양한 제품을 제안한다. 가령 요리 코너에는 책과 함께 지역에서 생산한 채소, 유명한 요리사의 레시피, 다양한 주방 가전 기기와 생활용품을 전시하여 고객에게 더 높은 가치를 제안한다.

2. **People** : 일본의 60세 이상 중·노년 세대의 소비 총액이 전체 세대의 절반 가까이 차지하는 것에 주목하여 핵심 타깃으로 정했다. 이들이 조금 더 쉽고 편안하게 매장을 방문할 수 있도록 지자체와 협의해 정류장의 위치를 조정했고 영업시간도 다른 곳과 달리 오전 7시로 앞당겼다. 뿐만 아니라 광고 회사, 디자인 에이전시 등 각종 트렌드 및 유행에 민감한 크리에이티브 회사가 다이칸야마 인근에 밀집해 있다는 사실에 근거하여 매거진 코너를 크게 확대하고 야근이 잦은 업무 특성을 감안하여 새벽 2시까지 심야 영업을 진행한다.

3. **Professional** : 도서 분류에 맞춰 경력직 직원을 고용해 고객의 요청에 따라 책이나 음반, 영화를 추천하는 컨시어지 서비스를 도입했다. 가령 음식연구가로 활동하던 직원이 음식 관련 책을 담당해 알려주는 식이다.

4. **Promise** : 방문객 한 명 한 명이 여유를 즐길 수 있도록 개인형 공간을 마련해 방해받지 않고 음악을 즐길 수 있게 했고 개인 공간에서 책을 읽는 듯한 분위기를 느낄 수 있도록 했다. 하루에도 수만 명씩 방문하는 서점에 나를 위한 공간이 있는 셈이다. 그뿐만 아니라 매장 내 입점한 스타벅스의 테이블에는 사람들이 무료로 읽을 수 있도록 매거진을 비치하고 있다.

생활용품 관련 판매점을 한데 모은 복합 문화 공간, 츠타야 티사이트다.

사실 츠타야 티사이트와 비슷한 컨셉의 매장은 자본의 힘만 갖추고 있다면 누구나 쉽게 만들어낼 수 있을 것이다. 그러나 아직까지 그들처럼 강력한 영향력을 발휘하는 매장을 만날 수 없는 이유는 무엇일까? 생각보다 간단하다.

결코 단순한 비교를 하려는 게 아니다. 당신의 브랜드가 고객이 원하는 대답을 제공하기 위해서는 어렵겠지만 올바른 질문을 던지는 것에서 출발해야 하기 때문이다. 매출은 목표가 아니라 결과가 되어야 한다. 츠타야 티사이트가 고객이 원하는 대답을 찾기 위해 신경을 쓰고 있는 것이 느껴지는가? 찾아오는 고객이 누구든 기꺼이 대접하고자 나서는 그 발상을 통해 당신의 브랜드가 갖춰야 할 새로운 4P에 관하여 다시 한번 깊이 생각할 수 있는가? 고객의 문제가 무엇인지 살피고 고객과 사회의 문제 해결을 위해 더 올바른 생각과 태도로 나아갈 수 있는가?

가장 근본적이고 본질적인 질문에 대답할 수 없다면 아무리 전략을 잘 세워도 당신의 브랜드는 성공하지 못한다. 앞으로의 고객은 당신의 대답을 통해 더 큰 심리적인 만족감을 얻어 기꺼이 지갑을 여는 사람들이 될 것이다.

02

10개의 브랜드 프레임, 30개의 브랜드 이야기

당신의 브랜드가 고객이 원하는 대답을 찾으려면 어떻게 해야 할까? 그저 눈과 귀를 닫고 남들을 똑같이 따라 할 것인가? 제품의 디자인에 더욱 신경을 기울여 외적인 이미지를 부각시키고, 조금 더 빠르게 SNS에서 회자될 수 있도록 광고를 돌릴 것인가?

그렇게 해서는 안 된다.

브랜드에 대한 정의를 제대로 파악한 뒤, 고객이 왜 브랜드를 선호하게 됐는지 그 맥락을 이해해야 한다.

브랜드는 당신의 제품과 서비스를 최적의 상태로 고객에게 제공하는 모든 과정을 결정짓는 판매 기준이자, 고객의 올바른 선택을 돕는 구매 기준이다. 다시 한번 강조하지만, 시장에는 비슷한 제품과 서비스가 도처에 산재하고 제품마다 가진 기능이 너무 많으며 이를 전달하는 광고나 메시지도 지나치게 많은 요소를 담고 있다. 하여 제품과 서비스에 대한 관심도가 현저히 낮아진 '이 시대 고객'의 심리적 장벽을 넘어서기 위해서는 다른 것들과 확실히 다른 차별점을 보여줘야 한다. 그게 바로 브랜드다.

당신이 브랜드를 제대로 구축하길 원한다면 결코 제품이나 서비스에만 중점을 두어서는 안 된다. 고객을 중심으로 생각하고 고객이 원하는 대답을 찾기 위해 노력해야 한다. 물론 유행의 흐름을 무시하고 트렌드를 놓치라는 뜻은 아니다. 넷플릭스는 인터넷으로 스트리밍 서비스가 확대되는 추세에 발맞추어 온라인 비즈니스 모델을 실현해 크게 성공했고 휠라는 뉴트로에 빠진 밀레니얼 세대를 위해 복고적인 감성에 현대적인 디자인이 가미된 운동화를 출시해 큰 인기를 끌면서 홈런을 쳤다.

그러나 넷플릭스가 꾸준히 성장할 수 있도록 도운 것은 고객 중심 사고방식이다. 회원이 콘텐츠에 매긴 평점을 통해 각자가 선호하는 작품의 패턴을 분석한 뒤, 취향에 맞는 콘텐츠를 선별 및 추천해 주는 알고리즘이 창업 5년 만에 넷플릭스가 흑자 전환하게 된 비결이었다. 휠라 역시 자신만의 개성을 상징하고 표현해줄 수 있는 희소성 있는 제품을 원하는 밀레니얼 세대의 수

요를 철저히 분석하여 상품을 출시한 것이 성공 이면에 숨겨진 비결이었다.

따라서 고객의 심리적인 장벽을 넘어 만족감을 제공할 수 있는 브랜드가 되기 위해서는 고객이 원하는 것이 무엇인지 살피고 그들이 듣고 싶어 하는 대답을 찾아야 한다.

브랜딩에 지름길은 없다. 그러나 고객이 원하는 대답을 찾기 위한 지름길은 있다. 이 책은 5년간 마케터로 일한 내가 브랜드 기획자로서 첫 사업을 시작한 뒤, 약 10년에 걸쳐 경험했던 다양한 사람들과 프로젝트 사이에서 느낀 영감을 기록한 것이다. 브랜드를 통해 더 나은 세상을 만들기 위해 '움직이지 않는 한 점'을 만들기 위해 노력한 결과이기도 하다.

당신은 이 책을 읽으면서 브랜딩이 제품이나 이미지의 부가가치를 높이기 위한 활동이라는 잘못된 인식에서 벗어나야 한다. 제품의 이미지를 꾸미기 위해 잠깐 들리는 피팅 룸의 범주에서 벗어나는 한편, 상품 및 서비스의 정체성을 다루기 위한 관문이라는 생각도 버려야 한다. 이제는 브랜드 그 자체가 경영 혁신과 경영 컨설팅, 인사 관리, 광고 및 홍보 전략, 직원 교육, 기업 문화 창조 등 모든 범주에서 다뤄질 수 있는 하나의 매개체로 진화하고 있다는 사실을 깨달아야 한다. 스스로 차이를 만들 기회를 제공하는 것이 브랜드라는 점을 깊이 있게 깨우치고 당신의 브랜드가 고객을 즐겁게 만들 수 있도록 브랜딩 전략을 세워야 한다.

지금부터 나는 여러분들의 이해를 돕기 위한 10개의 브랜드 프레임을 소개하려고 한다. 그리고 새로운 4P Product, People, Professional, Promise 전략으로 고객에게 다가가 고객을 위한 가치를 창출하고 강력한 고객 관계를 구축하여 브랜드 전쟁에서 살아남은, 그 어떤 것보다 돋보이고 강력한 브랜드 중의 브랜드 30개의 이야기를 풀어갈 것이다. 각각의 프레임을 대표하는 브랜드들은 고객이나 사회의 문제 해결을 목표로 더 나은 것을 찾기 위해 진정으로 고객이 원하는 것을 파악하여 그들이 원하는 대답을 제공한다.

이론적으로 말하면 당신은 브랜드들의 스토리를 통해 당신의 브랜드가 원하는 페르소나를 파악하고, 제대로 된 브랜드를 만들 새로운 기회의 장을 만나게 될 것이다.

3장

브랜드 프레임 ①

스토리텔러

THIS IS
BRANDING

스토리텔러 Storyteller

스토리를 통해 고객에게 영감을 부여해

진한 공감대를 형성하고 이성과 감성을

움직이게 하는 브랜드 프레임

01

에어 조던

AIR JORDAN

애플의 공동 창업자인 스티브 잡스Steve Jobs는 1985년에 경영 일선에서 물러났다가 1997년, 다시 애플을 이끄는 자리로 복귀했다. 자신이 세운 회사에서 퇴출당했다가 극적으로 다시 돌아온 그는 애플의 건재함을 보여주기 위해 '다르게 생각하라Think Different'라는 슬로건을 내걸고 광고 캠페인을 펼쳤다. 광고는 "여기 미친 사람들이 있습니다"라는 말로 시작된다. 아인슈타인, 밥 딜런, 마틴 루서 킹 등 무언가에 미친 사람이자 창의적인 사고와 발상으로 최고가 된 사람들을 차례로 선보이면서 세상을 바꿀 수 있다고 믿는 이들의 신념이 진짜로 세상을 바꾼다는 내용을 담았다.

애플의 사례는 브랜드가 무엇인지를 잘 보여준다. 대부분의 기업은 브랜드를 로고나 심벌, 폰트 같은 유형적인 것으로 생각하는 실수를 범할 때가 많다. 그러나 브랜드는 기업이 실제 소유하고 있는 것이 아니라, 오히려 고객의 마음속에 자리 잡은 무언가에 가깝다. 이 무언가는 고객의 경험과 믿음을 통해 구축된다. 실제 고객에게 어떤 가치를 줄 수 있는지를 결정하는 가치 창출력이 브랜드 자산을 구축하는 힘이기도 한 것이다. 그리고 여기, 신념과 가치 창출에 충실하기로는 둘째가라면 서러운 브랜드가 있다. 바로 에어 조던Air Jordan이다.

에어 조던을 설명하는 데 전설적인 인물인 마이클 조던Michael Jordan을 빼놓을 수 없다. 그는 에어 조던의 모델이자 그 자신이 바로 브랜드이다. 의심의 여지가 없는 역대 최고의 농구선수, 세계에서 가장 유명한 스포츠 스타 같은 표현으로 설명하기엔 충분하지 않다. 숫자가 필요하다.

조던은 자신의 소속팀 시카고 불스를 6번이나 미국 프로 농구 리그인 NBA 파이널 챔피언에 등극시켰고, 그때마다 MVP로 뽑혔다. NBA 시즌 MVP만 5번 수상했고, NBA 올스타 슬램덩크 챔피언 타이틀과 올림픽 남자농구 금메달도 각각 2번씩 거머쥐었다. 전미대학체육협회NCAA 남자농구 챔피언에 오른 뒤 NBA에 진출한 첫 시즌에서 신인상도 수상했다.

1982년 역대 최다 관중이 모인 NCAA 챔피언십에서 노스캐롤라이나 대학을 이끈 조던은 NBA 센터 포지션의 계보를 잇는 최고의 선수 패트릭 유잉이 이끄는 조지타운 대학을 물리치고 우승을 차지한다. 이때의 자신감으로 일취월장한 조던은 1984년, 3학년을 마치고 프로로 전향하면서 드래프트 3순위로 시카고 불스에 지명됐다. 그리고 그의 첫 시즌이 시작된 지 채 2주가 지나지 않아 팀의 모든 선수는 조던이 차원이 다른 선수라는 것을 깨닫게 된다. 그가 불스를 일으켜 세울 것이라는 기대감도 함께 커졌다.

조던의 에이전시는 팀 스포츠 선수인 그를 골프나 복싱 같은 개인 스포츠 선수처럼 스타로 만들기 위해 노력했다. 조던만의 농구화를 만드는 게 그 시작이었다. 그들은 먼저 당시 NBA 공식 농구화 제조사인 컨버스와 접촉했다. 그러나 대답은 '노no'였다. 컨버스는 이미 매직 존슨, 래리 버드와 같은 거물급 선수를 모델로 기용하고 있었다. 조던의 능력이 아무리 출중하다고 해도 그는 신인에 불과했기 때문이다.

조던은 사실 아디다스를 선호했다고 한다. 그러나 당시 아디다스는 내부적인 문제 때문에 조던을 모델로 기용해 그를 위한 농구화를 만들 수 없었다. 에이전트는 내심 나이키와 계약을 하길 원했으나, 이후 조던이 스스로 밝혔듯 당시의 그는 나이키를 염두에 두지 않았다고 한다. 그때만 해도 나이키는 주로 육상화를 제작하고 있었고, 컨버스와 아디다스에 비해 인지도도 그리 높지 않았기 때문이다.

그러나 나이키는 조던에게 적극적으로 구애했다. 당시 잘 나가는 선수의 모델 계약료 평균은 10만 달러 부근이었는데, 나이키는 이룬 것 하나 없는 신인 선수에게 25만 달러라는 거금을 안겨주었다. 그리고 1970년대 미 항공우주국NASA 엔지니어가 고안한 에어쿠션 기술을 적용해 조던만의 농구화를 제작했다. 마침내 1985년 출시된 '에어 조던 1'은 특정 선수의 이름을 딴 최초의 농구화이자 이후로도 길이길이 운동선수의 성공을 보여주는 표본으로 남았다.

나이키가 계약 시점에 예상한 매출은 4년간 300만 달러 정도였다. 그런데 에어 조던은 출시 1년 만에 1억 2,600만 달러의 매출을 올렸다. 여기에 고무된 나이키는 해마다 새로운 디자인을 선보이며 에어 조던 시리즈를 양산해 나갔다. 지금까지 총 34개의 모델이 출시된 이 신발은 시대를 대표하는 패션과 문화의 일부가 되었다. 공을 들고 뛰어오른 조던이 두 다리를 넓게 벌린 모습의 '점프맨' 로고만으로 에어 조던 브랜드를 한눈에 알아볼 수 있을 정도다.

에어 조던을 성공으로 이끈 요인 가운데 첫 번째는 기존 농구화와 달리 진짜 '에어', 즉 공기주머니가 들어 있는 하이테크 농구화였다는 점을 들 수 있다. 당시 시장에는 이와 유사한 것이 없었다. 나이키가 보유한 신기술이 고객에게 기능적인 가치를 창출한 셈이다.

두 번째 요인이자 더욱 결정적인 요인은 바로 조던의 훌륭한 농구 실력이었다. 아무리 에어쿠션 기능이 내재되어 있다고 말해도 고객이 성능을 구체적으로 확인할 순 없었다. 그러나 농구코트 위의 조던을 보면 얘기가 달라졌다. 조던은 농구화의 기능을 시각적으로 극대화해 보여준 모델이었다. 공중을 활보하는 조던을 따라 고객들도 함께 하늘 위를 걷는 기분을 느낄 수 있었다. 최고의 농구선수가 신는 신발을 따라 신으면서 자기도 조던만큼 농구를 잘할 수 있다는 희망을 넘어, 자신 역시 최고를 지향하는 존재라는 주문을 고객들의 마음속에 심어준 것이다. 이를테면 마법의 부적이라고나 할까?

앞서 말한 '신념'을 기반으로 한 브랜드의 교훈은 마이클 조던의 경기 장면에서도 찾을 수 있다. 그는 매 경기를 마지막 경기처럼 뛰었다. 시카고 불스가 보스턴 셀틱스, 필라델피아 세븐티식서스, LA 레이커스와 같은 명문 팀으로 거듭날 수 있도록 언제나 최선을 다했다. 누구보다 강한 승리를 향한 집념은 희망이라는 불씨로 이어졌다. 그 희망은 1991년부터 1993년까지 3년 연속 우승이라는 결과를 만들어냈다. 그는 존경하고 사랑했던 아버지를 여읜 뒤, 그와의 추억이 서린 야구 선수로 전향을 선언하고 은퇴했지만, 2년 만에 돌아온다. 조던은 복귀를 단 한 문장이 적힌 팩스로 알렸다. "I'm back". 이후로 그는 다시 한번 3년 연속 우승이라는 금자탑을 쌓는 등 8년 만에 6회 우승을 달성했다. 농구를 향한 그의 헌신은 승리라는 결과와 수치로 증명됐다. 그리고 그것은 고객의 마음속 깊은 무언가를 일깨우게 했다. 에어 조던의 소비자는 단순히 조던의 신발을 사는 것이 아니라 조던의 역경과 고난, 희망과 승리, 강인한 집중력이 담긴 스토리를 구매하는 것이다. 바꿔 말하면 에어 조던은 고객이 원하며 찾는 상품이 단지 기능과 장점에만 충실한 것이 아니라, '왜 이 브랜드를 원하는지'에 대한 답을 주는 것이라는 사실을 증명했다.

조던은 이미 은퇴해 구단주 겸 사업가가 됐지만, 2023년 기준 약 65억 9천만 달러(한화 약 8조 843억)의 매출을 기록한 에어 조던 브랜드는 르브론 제임스, 스테픈 커리 등 쟁쟁한 현역 NBA 선수들보다 더 많은 농구화 판매 수입을 기록하고 있다. 조던이 쌓아나간 브랜드의 자산이 에어 조던을 상징적이면서 영속적인 브랜드로 꾸준히 자리 잡게 이끈 것이다.

02

예티

YETI

어느 날, 내가 가지고 있는 아이스박스에 문제가 생겼다. 반려견이 손잡이를 씹어버렸다. 아이스박스 제조사에 전화해 손잡이만 교체할 수 있는지 문의했는데, 별도의 손잡이를 제공해 줄 수 없다는 답변이 돌아왔다. 보랭 기능도 처음보다 못한 상황에서 손잡이까지 떨어지자 아이스박스를 더는 사용할 수 없게 되었다. 자연스레 "내구성이 좋고 부분적으로 고장 나더라도 간편하게 부품만 교체할 수 있는 아이스박스는 없을까?" 하는 생각이 들었는데, 그때 눈에 들어온 브랜드 하나가 있었다.

나와 비슷한 경험이 있다면 미국의 아웃도어 제품 전문 브랜드인 예티YETI를 주목하자. 창업자 라이언 시더스Ryan Seiders와

로이 시더스Roy Seiders 형제는 어렸을 때부터 낚시와 사냥을 즐기며 여가 시간 대부분을 야외에서 보냈다. 그때마다 아이스박스의 품질에 실망했다. 낚시한 물고기를 담아두면 썩어버린 적이 많았고 맥주도 금방 미지근해졌기 때문이다. 또 매번 걸쇠가 빠지고 뚜껑이 주저앉는 등 내구성도 만족스럽지 못했다.

그러던 2006년, 그들은 회사를 설립하고 프로 낚시꾼과 사냥꾼을 위한 아이스박스를 직접 만들기로 결심했다. 카약을 만드는 방식에서 착안해 회전 성형 플라스틱으로 본체를 싸고 그 안에 2*in* 두께의 폴리우레탄 단열재를 압력 주입했다. 경쟁 브랜드들보다 10배나 높은 가격에 제품을 판매하면서도 야외활동이 잦은 아웃도어 마니아들의 열광적인 지지를 이끌어냈다. 예티의 아이스박스는 회색곰의 이빨과 발톱을 견뎌낼 정도로 내구성이 강했고, 얼음도 최대 1주일이나 녹지 않았기 때문이었다.

인기에는 부분적인 고장이 나더라도 간편하게 부품만 교체할 수 있는 디자인도 한몫했다. 일반적인 아이스박스는 특정 부분이 손상되면 고객이 직접 매장을 방문해 수리를 맡겨야 했지만, 예티는 수리 방법을 알려주고 새 부품을 집으로 보내줬다. 처음부터 예티는 창업자의 경험을 토대로 구축된 "야외에서 더욱 강력하게, 얼음은 더욱 오래 가게Wild Stronger, Keep Ice Longer"라는 슬로건을 바탕으로 고객의 문제점과 요구사항을 정확히 파악한 뒤, 솔루션을 제시했다.

예티는 대기업이 할 수 없는 방식으로 그들만의 홍보 방법을 구축했다. 전문 낚시꾼과 사냥꾼을 홍보 대사로 선정하고 아이스박스를 배송할 때 모자, 티셔츠, 텀블러 등을 함께 보냈으며, 그들의 사용 후기를 생생하게 전하기 위해 팟캐스트와 영상을 제작해 입소문 마케팅에 주력했다. 또 인플루언서들을 선정해서 자사의 제품이 '비싼 이유'와 '좋은 이유'에 대해 끊임없이 교육하고 정보를 제공했다.

이러한 스토리텔링과 경험 공유를 기반으로 한 예티의 전략은 고객이 가진 문제에 대한 확실한 해결책을 제시했다. 아웃도어 활동을 즐기는 사람들은 같은 취미를 가진 이들이 인식하는 바를 토대로 최고 품질의 장비를 통해 자신들의 아웃도어 활동 또한 더욱 개선될 것이라는 믿음이 쌓였고, 이는 높은 가격에도 아랑곳하지 않는 구매로 이어졌다. 결국 제품에 대한 만족도가 높은 사람들의 후기를 보고 자신도 똑같은 이야기를 경험하고 싶은 사람들이 예티의 제품을 계속 구매하면서 돈으로 살 수 없는 공동체가 만들어진 것이었다.

초기 성공을 거둔 이후, 예티는 사냥과 낚시 이외에도 캠핑, 농장, 목장 등에 필요한 용품들을 만들면서 확장을 거듭했지만, 그들의 목적과 사명에서 결코 벗어나지 않았다. 최고의 제품을 통해 더욱 멋진 모험담을 원하는 사람들을 위해 내구성이 뛰어난 고품질 제품만을 고수했다. 이를 위해 2016년에는 정기적으로 신제품을 개발하고 테스트하는 혁신 센터를 오픈했다. 10여 명으로 이루어진 제품 개발팀은 혁신 센터가 오픈한 이후 총 2,800개 이상의 고품질 프로토타입을 제작하는 등 향후 리스크를 제거하여 궁극적으로 제품을 출시할 때 이전에 없었던 수준의 제품 상태를 보장하기 위해 노력했다. 예티의 램블러(텀블러의 일종)도 이곳에서 개발되었는데, 단열 스테인리스강 소재로 된 이 제품은 무려 6t(14,000lb)의 압력에도 구부러지지 않고 견딜 수 있도록 설계되었다. 사실상 파괴할 수 없는 제품이나 마찬가지다.

이제 예티는 제품에 대한 완벽한 약속을 지키는 것에서 한발 더 나아가 친환경, 사회적 책임, 지배구조 개선을 위한 ESG 경영을 실현하고 있다. 그들은 예티 ESG 리포터를 발행하면서 밸류체인(가치사슬) 전 과정을 명확한 자신들의 브랜드 철학에 맞게 구축하겠다는 목표를 세웠다. 이를 위해 사람People, 제품Product, 야생 복원Place으로 구분해 각각의 이슈에 맞는 전략을 구축해 지속 가능한 경영을 위해 힘쓰고 있다.

사람을 위해서는 자체적으로 직원 개발 프로그램을 만들었다. 다양한 주제에 관해 모든 직원을 대상으로 매월 교육을 실시하고 공식적인 자원봉사 및 지역사회 참여 프로그램을 수립하여 직원 스스로 선택한 조직을 위해 봉사할 기회를 제공하고 있다. 또한 2025년까지 모든 수준에서 남녀 임금 평등을 유지하고 회사의 고위 임원급에도 양성평등을 달성하고자 노력하고 있다. 예컨대, 기술 경력을 가진 여성들이 역사적으로 과소평가되어왔다는 사실을 인지해 2021년에는 더욱 다양한 성별의 사람들을 채용했고 이사회 내에는 유색인종 1명을 포함한 총 3명의 여성이 참여해 에티의 전반적인 ESG 전략을 검토하고 승인하는 역할을 하고 있다.

제품 개발 및 유통에 있어서는 오는 2030년까지 총 3단계에 걸쳐 탄소 배출량을 50%까지 감소할 것을 목표로 세웠다. 또한 모든 제품은 100% 재생 가능한 전기를 통해 제작할 것을 밝혔고 포장지 역시 재활용 또는 퇴비로 재사용이 가능한 성분으로 제작하는 등 2025년까지 순환 라이프 사이클 전략을 수립해 '폐기물 제로'를 달성하기 위해 노력하고 있다. 사실 이들의 노력은 지난 2016년부터 시작됐다. 실생활에서의 플라스틱 사용을 줄이기 위해 설립된 '플라스틱 임팩트 얼라이언스Plastic Impact Alliance'의 공식 회원사가 되어 350개가 넘는 브랜드와 함께 플라스틱을 줄이기 위해 다방면으로 활동 중이다. 이들은 ESG 경영 활동을 마케팅으로 활용하는 것만으로 좋은 브랜드가 될 수 없다는 사실을 잘 알고 있다.

탄소 배출량을 줄이기 위한 이들의 활동은 야생 복원 사업과도 연계된다. 이들은 기후 변화에 따른 환경 문제를 해결하기 위해 미국 내 100개 이상의 지역 학교와 함께 어린아이들을 대상으로 교육 프로그램을 개설하고 다양한 비영리 단체들을 위한 모금 지원 활동, 기부를 하고 있다. 동시에 물새 서식지, 수중 생태계, 자연 공원을 보존하기 위한 조사, 레크리에이션 등을 진행하면서 더 많은 사람이 밖으로 나가 야생을 탐험하면서 영감을 얻을 수 있는 포괄적 경험을 만드는 데 초점을 맞추고 있다.

예티는 브랜드를 설립한 지 3년, 주력 제품인 아이스박스 '툰드라'를 출시한 지 1년이 지난 2009년 500만 달러의 매출을 기록하더니, 2011년에는 약 6배가량 늘어난 2,900만 달러를, 2023년에는 무려 16억 6천만 달러(한화 약 2조 2,890억 원), 이익률은 10%를 기록했다. 쉽게 표현하자면 타 기업보다 수십 배 더 높은 가격의 아이스박스를 더 많은 사람이 더 오랫동안 더 많이 사고 있다는 것이다. 게다가 놀라운 사실은 예티가 아직 미국 내 판매에만 주력하고 있다는 점이다. 멕시코, 일본 등 일부 국가에서만 공식 대리점을 운영 중인 이들의 규모를 생각해보면, 앞으로의 성장세는 지속될 것이 분명해 보인다. 스토리텔링 형 브랜드의 표준으로 자리 잡아 전 세계 다양한 고객의 이성과 감성을 움직이게 될 확률이 크다. 참고로 2019년에 출시했던 1,300달러짜리 아이스박스는 지금도 여전히 '아이스박스계의 에르메스'로 불리면서 매우 잘 팔리고 있다.

03

이솝
AESOP

이안 감독의 영화 〈색, 계*Lust, Caution*〉에서 내가 최고로 꼽는 명장면이 있다. 영화의 줄거리 속에서 살펴보면 다음과 같다. 1940년대 중국 내 급진파 항일단체가 친일파 핵심 인물인 정보기관장 이모청(양조위)을 암살하려는 계획을 세운다. 이 계획을 위해 왕치아즈(탕웨이)는 신분을 속이고 이모청에게 접근한 지 3년 만에 신임을 얻는다. 마침내 암살 준비를 마친 당일, 이모청은 왕치아즈에게 6캐럿짜리 분홍색 다이아몬드 반지를 선물하면서 "다이아몬드에는 관심 없어. 당신 손에 끼워진 모습을 보고 싶었지"라며 자신의 마음을 전한다.

왕치아즈는 큰 다이아몬드 반지를 낀 채 밖으로 나가면 누군가 노릴 것이라는 생각에 반지를 빼려 한다. 그때 이모청은 "그대로 끼고 있어"라고 이야기한 뒤 이런 말을 잇는다. "내가 지켜주겠소." 그 순간, 암살을 계획했던 왕치아즈의 마음이 흔들린다. 변심한 그녀가 이모청에게 도망가라고 말한 덕분에 그는 절체절명의 위기에서 무사히 목숨을 구한다. 3년 이상을 계획한 암살자의 마음이 흔들린 이유는 6캐럿짜리 다이아몬드 반지 때문이 아니었다. 자신을 지켜주겠다는 남자의 진심 때문이었다.

브랜드를 브랜드로 만드는 것은 무엇일까? 바로 진심이다. 사실 예전부터 지금까지 브랜드란 고객의 마음을 얻기 위한 전략으로 여겨져 왔다. 브랜드 전문가들은 광고와 마케팅, 디자인 등의 요소들을 통해 진심을 표현하는 것도 하나의 전략으로 다룬다. 하지만 훌륭한 브랜드는 그런 짓을 하지 않는다. 진심은 하나의 기본적인 사고방식이지 전략이 아니라는 이유에서다.

1987년 호주에서 설립된 미용 제품 브랜드 이솝Aesop은 고객에게 한결같은 진심을 보여주는 것으로 유명하다. 창업자 데니스 파피티스Dennis Paphitis는 이발소를 운영하는 부친의 영향으로 1980년대 중반 멜버른에서 작은 미용실을 열었다. 사업은 순조롭게 진행되었지만, 그에겐 한 가지 불만이 있었다. 시중에서 판매하고 있는 대부분의 모발용 제품에 화학물질이 잔뜩 들어가 있다는 점이었다. 그는 건강한 헤어스타일을 완성하기 위해선 그에 걸맞는 제품을 사용해야 한다고 생각했다.

화학에 대한 사전 지식은 없었지만, 그는 미국과 호주를 오가며 자신의 마음에 드는 제품을 개발하기 위해 노력했다. '1회분 생산량에 포함된 방부제 수치는 0에 가까워야 한다'라는 원칙을 세워 최고의 품질을 추구했다. 화학물질과 유기농 재료를 여러 방법으로 섞어가며 최상의 결과를 도출하기 위한 실험을 거듭한 끝에, 마침내 천연 오일을 첨가한 최초의 헤어 염색제를 개발했다. 이후 재료·원료에 관한 과학적인 연구 방식에 매료된 그는 건강한 헤어스타일에 필요한 제품을 중점적으로 개발하기 시작했고, 1996년부터는 얼굴과 몸 등 피부 전체를 관리하는 제품까지 개발하기에 이르렀다.

이러한 이솝의 제품 개발 정책에 대해 '자연주의를 표방한 유기농 제품'이라는 인식도 자리 잡았지만 정작 창립자 파피티스는 오히려 '자연주의'라는 용어가 진실을 왜곡한다고 주장한다. 식물성 재료가 들어갔다고 해서 완전히 천연성분으로만 제품을 만든다는 잘못된 인상을 줘선 안 된다는 것이다. 대신 그는 반드시 효능과 안전성이 입증된 성분만을 사용한다는 원칙을 강조한다. 실제로 이솝의 모든 제품은 무방부제를 기본으로, 다양한 식물성 성분을 함유해 최상의 효과를 끌어내기 위해 애쓴다. 즉, 천연성분의 효능을 극대화해 폭넓게 활용하는 방침을 고집하고는 있지만, 이를 판매를 위한 전략으로 이용하지는 않겠다는 것이다.

한편 이러한 이솝의 고집은 포장 디자인이나 마케팅에서도 잘 나타난다. 이솝에는 포장 디자인이란 개념이 없는 것이나 마찬가지다. 대부분의 미용 브랜드가 화려하고 세련된 그래픽을 가미한 포장 디자인에 미사여구로 점철된 홍보문구를 넣어 고객을 유혹하지만, 이솝은 정반대다. 그들은 별다른 디자인 요소 없이 브랜드와 제품 이름, 성분명과 사용법만을 꾸밈없이 제품에 표기한다. 자외선으로부터 내용물을 보호하기 위한 갈색 유리병을 거의 모든 제품군에서 사용하고 있다는 점과 2012년부터는 종이 쇼핑백 대신 천 소재의 파우치에 담아 제공한다는 점만이 이들의 포장에서 드러나는 고유한 개성이다.

또 이솝은 어떠한 상업용 광고도 진행하지 않는다. 창사 25주년을 맞았을 때, 그들은 자사 홈페이지에 파일 하나만 업로드했다. 바로 이솝이 세워진 1987년부터 25년 동안 매년 출판된 도서 중 꼭 읽어야 할 책과 함께 각국의 추천 서점 25곳을 선정한 목록이었다. 이러한 행보에 대해 파피티스는 한 인터뷰에서 "고객이 책을 읽고 생각하는 시간을 가지면서 행복을 느낀다면 고객의 피부도 좋아지리라 생각한다"라면서 그들이 가진 진심을 전하는 소박한 커뮤니케이션을 진행했다.

그 대신 이솝이 진심을 보여주기 위해 초점을 맞추는 지점이 하나 있다. 바로 자사 매장의 공간 디자인이다. 특히 이탈리아 출신의 영화감독이자 인테리어 디자이너인 루카 구아다니노Luca Guadagnino와 협업해 만든 로마 매장은 독보적이다. 거친 돌과 장밋빛 대리석, 짚 묶음 등 다채로운 재료를 활용해 고대 로마의 모습을 시각적으로 재현하는 한편, 제품이 돋보일 수 있도록 채광과 조명도 고려해 현대적인 요소를 반영한 공간도 함께 연출했다. 어느 도시에서나 그 도시의 문화와 철학을 기반으로 매장을 설계하는데, 인근에 서점과 꽃집이 있어야 매장을 열 수 있다는 원칙과 맞물려 서울에서는 한남동의 한 쇼핑몰에 매장을 차렸다. 또 2021년에 한국 내 12번째 시그니처 매장으로 오픈한 이솝 성수는 한옥을 모티브로 전통 한옥에서 사용됐던 대들보 등 오래된 재료를 활용하고 황토를 마감재로 사용했다. 어느 도시에나 그 도시의 문화와 철학을 기반으로 매장을 설계하는 이솝의 고집스런 진심을 표현한 셈이다. 이런 그들의 진심이 매장 내 직원들의 친절한 환대와 맞물렸을 때, 돈으로 환산할 수 없는 신뢰도는 향상되고 그 신뢰도만큼 지불할 용의가 생기는 것, 그것이 바로 고객의 이성과 감성을 결합시키는 것이 아닐까.

이들의 고집스러운 진심이 느껴지는 사례를 전하며 글을 맺을까 한다. 내가 직접 경험한 일화다. 처음 창업을 한 사무실 한쪽에 따로 작은 서점을 하나 열었을 때, 손님용 화장실에 두기 위해 이솝의 손 세정제를 사뒀다. 그리고 세정제를 끼울 수 있는 전용 금속 거치대도 함께 구입하고자 매장에 문의했다. 그러자 매장 직원은 본사와 연결해 주었고, 본사에 전화하니 사무실 건물의 내·외관 사진을 찍어달라는 의아한 요청을 했다. 이후 이솝 글로벌 본사에서 최종 승인을 해야 전용 금속 거치대를 판매할 수 있다는 설명을 덧붙였다. 거기서 자신들의 진심을 알리기 위해 고객들에게 어떤 모습으로 보일지 작은 요소 하나까지 꼼꼼히 따지는 고집과 원칙이 느껴졌다. 그리고 그 원칙을 지키기 위해 어떤 행보를 보여왔는지도 눈앞에 선하게 그려졌다.

4장

브랜드 프레임 ②

철학자

THIS IS
BRANDING

철학자 Philosopher

기업의 모든 가치 운영 체계를

사회적 책임감 실현에

초점을 맞춰 활동하는 브랜드 프레임

04

파타고니아
PATAGONIA

"이 재킷을 사지 마세요DON'T BUY THIS JACKET."

2011년 11월 25일 금요일, 미국의 대표적인 일간지 〈뉴욕타임스〉 지면에 등장한 광고의 헤드라인 카피다. 이날은 '블랙 프라이데이Black Friday'로 미국에서 1년 중 가장 큰 폭의 할인율이 적용되는 세일 시즌이 시작되는 날이었다. 블랙 프라이데이 시즌이 오면 수많은 제조·유통업체들은 자신들이 보유하고 있는 재고 물량을 대폭 할인해 판매한다. 고객들도 기다렸다는 듯 닫았던 지갑을 활짝 연다. 마케팅 데이터 분석 솔루션인 '어도비 애널리틱스'에 따르면 2019년 블랙 프라이데이 하루 동안 미국

내 온라인 쇼핑 매출액만 약 74억 달러(약 8조 7,320억 원)를 기록했다고 한다.

이렇게 엄청난 매출을 올릴 수 있는 블랙 프라이데이에 이 기업은 왜 '이 재킷을 사지 마세요'라는 광고를 게재했을까? 기업이 제품을 판매해서 이익을 거두는 것은 당연한 생리다. 일반적인 상식이라면 '더 저렴하게 사라'고 고객을 끌어들이는 게 맞다. 이 기업은 확실히 좀 이상하다. 재킷 한 벌을 만드는 데 135ℓ의 물을 소비한 목화가 들어가고, 원산지에서 물류센터로 오는 데 만도 약 9kg의 탄소가 배출되면서 환경을 파괴한다고 세상에 알린다. 때문에 꼭 필요한 옷이 아니라면 사지 말라고 얘기한다. 게다가 한술 더 떠 중고물품 거래 사이트인 이베이와 협약을 맺어 고객에게 중고품 구매를 권장한다. 구글에서 이 기업의 제품을 검색하면 이베이에 중고품이 있는지부터 확인할 수 있게 했다.

좀처럼 보기 드문 행보를 보이는 이 기업은 1973년 미국에서 설립된 아웃도어 전문 브랜드 파타고니아Patagonia다. 파타고니아의 주장은 간단하다. '환경보호를 위해 필요한 돈을 얻기 위해서 옷을 판다'는 것이다. 물건을 생산하고 소비하는 과정 자체가 환경에 나쁜 영향을 주기 때문에 제품 자체를 생산하지 않아야 한다고 한다. 그게 안 된다면 적게 쓰고 오래 쓰는 것이 답이라고 주장한다.

이 파격적인 광고를 두고 일각에서는 위선적이라고 깎아내리는 목소리도 나왔고, 혹자는 고도의 마케팅 상술이라며 평가절하하기도 했다. 어떤 기업이 아무 맥락 없이 어느 날 갑자기 이와 같은 카피를 꺼냈다면 그렇게 느껴질 법도 하다. 하지만 그동안 파타고니아가 걸어온 길을 돌아본다면 누구든 달리 생각할 것이다.

파타고니아는 미국의 유명 등반가인 이본 쉬나드Yvon Chouinard가 1972년부터 운영한 쉬나드 장비회사의 자회사에서 시작했다. 처음에는 금속 재질의 암벽 등반용 쇠못과 쐐기를 만들었다. 하지만 박고 빼는 반복적인 망치질이 바위의 균열과 변형을 만들어 결국 암벽을 해치는 주범이 된다는 사실을 깨달은 이본 쉬나드는 즉시 핵심 사업 부문이었던 암벽 등반용 쇠못 제작을 중단했다.

쉬나드는 새로운 대안을 찾기 시작했다. 결국 그는 망치를 사용하지 않고 손으로 밀어 넣거나, 나중에 제거할 수 있는 알루미늄 초크를 개발하는 데 성공했다. 유명 등반가에게 부탁해 14장짜리 에세이를 작성해 새로 출시된 제품에 대한 사용법도 공유하면서 암벽의 깨끗한 원형을 유지하면서 등반하자는 '클린 등반' 캠페인도 진행했다.

놀라운 사례는 또 있다. 1988년 미국 보스턴에 문을 연 매장에서 환기시스템 결함으로 포름알데히드가 배출돼 직원 2명이 두통을 호소하자 즉시 조사에 들어갔다. 그리고 면직물 옷의 수축과 주름을 방지하기 위한 마지막 공정에서 포름알데히드가 사용되는 것을 발견하고 이후 모든 제품의 원단을 100% 유기농 면만 골라 만들기 시작했다. 1993년부터는 재활용이 어려운 페트병(2ℓ) 4,000만 개를 수거해 폴리에스테르 원단을 추출하는 방식으로 약 150벌 이상의 'PCR 신칠라 플리스' 제품을 개발했다. 이를 통해 150ℓ나 되는 기름을 절약하고 산업 폐기물을 사전에 차단하는 등 친환경 소재 개발에도 주력했다.

파타고니아는 기업의 사회적 책임 중 환경보호에만 앞장서지 않는다. 생산국 OEM주문자상표부착생산 노동자에 대한 복지도 중요하게 생각하고 있다. 생활임금 보장, 해당 지역 내 학교 장학금을 출연하고 탁아소를 건립하는 한편, 이주 노동자 보호를 위해 고용에 관한 기준을 강화해 근로 규약을 어긴 협력업체와는 즉시 계약을 중단한다. 직원들은 출퇴근 시간이 자유롭고 서핑, 스키, 등반 등의 프로그램을 즐길 수 있도록 지원을 받는다. 자녀가 태어나면 여직원들에게는 16주간의 유급 출산휴가를, 남직원에겐 12주간의 유급휴가를 각각 제공한다.

이 중, 기업 차원에서 가장 쉽지 않은 결정은 파타고니아가 1985년부터 자연환경 보전 및 복원을 위해 흑자든 적자든 상관없이 매출의 1%를 매년 기부하고 있다는 점이다. 지금까지 총

8,900만 달러 이상의 현금과 현물을 기부해 전 세계의 다양한 환경단체들을 지원해 왔다. 2002년에는 '지구를 위한 1%'라는 비영리법인을 설립해 뜻을 같이하는 48개국 1,200개 이상의 회사들과 함께 3,300개가 넘는 비영리단체를 후원하고 있다. 최근에는 우리의 유일한 주주는 지구라는 메시지를 밝히면서 쉬나드 회장과 그 일가가 보유한 약 4조 2,000억 원 규모의 주식 전부를 환경단체에 기부했다.

파타고니아처럼 회사나 주주의 이익만을 위해 움직이지 않고 환경, 직원, 지역사회, 고객 등 이해관계자 모두를 아우르며 이윤을 추구하는 기업을 '베네피트 기업benefit corporation'이라 부른다. 미국의 비영리단체인 B-LAB은 베네피트 기업을 심사 및 선정해 현재 97개국 162개 분야의 산업에서 8,545개 회사에 인증 마크(일명 비콥B-corp)를 수여했다. 파타고니아는 2012년 1월 베네피트 기업 인증을 받았고 해마다 비콥 최고의 기업으로 손꼽히고 있다.✦

✦ 비콥이란 미국의 비영리단체 비랩B-Lab에 의해 기업의 사회적 책임을 다하고, 모든 이해관계자를 고려하며 사회·환경적 성과와 재무적 이익을 동시에 추구한다는 인증을 받은 기업을 뜻한다. 일반적으로 비콥 인증은 기업의 사회적 책임이 일관된 노력을 띄고 있는지 확인하기 위해 3년마다 재평가한다. 2019년 기준 모든 비콥 회사의 평균 점수가 50.9점인데 반해 파타고니아는 200점 만점 중 151.4점을 획득하는 등 전 세계에서 가장 뛰어난 지속 가능한 비즈니스 모델을 선보이고 있다.

다시 블랙 프라이데이에 게재했던 광고로 돌아가 보자. 언뜻 기업의 이익에 반하는 것처럼 보이지만, 파타고니아는 이런 이상을 현실로 만들기 위해 꾸밈없이, 또 끊임없이 노력해 왔다. "이 재킷을 사지 마세요"라는 카피를 쓴 것은 그들의 생각을 드

patagonia®

파타고니아는 밸류체인 전 과정을 그들의 브랜드 의도에 맞게 집요하고 구체적으로 검증해 최적의 상태로 밸류체인을 운영하기 위해 노력하고 있습니다.

인적 자원 관리	**"파타고니아의 경영철학에 적합한 인재 선발"** 환경 보호 가치에 동의하는 사람 우선 선발 공개 채용보다 직원 추천을 통해 입사하는 경우 다수
기술 개발 활동	**"2024년 기준 25가지의 혁신 소재 개발"** 리사이클 기술을 활용한 친환경 원단으로 의류 제작 제조 공정에서 발생하는 이산화탄소 배출량 최대 13%, 환경 폐기물 비용 11% 절감
자재 조달 관리	**"재생 및 재활용을 기반으로 모든 자재 조달"** 본사 건물: 해바라기씨 껍질을 압착한 단열재 사용 물류센터: 태양에너지 등 친환경 에너지만 사용
마케팅 활동	**"마케팅 활동 지양"** 옷을 수선해서 입을 수 있는 다양한 방법, 캠페인 전개 (오래된 옷 수선팀이라는 독특한 조직 존재)
수익 창출	**"매년 매출의 1% 기부"** 2024년까지 1억 4,000만 달러를 자연 환경의 복원과 보존을 위해 기부함 2002년부터 '지구를 위한 1%'라는 비영리조직을 만들어 연대 및 투자 지속

러낸 단적인 예라 볼 수 있다. "모든 비즈니스는 반드시 위대한 미션으로부터 시작된다"라는 경영학자 피터 드러커Peter F. Drucker 교수의 말처럼, 그들은 위대한 미션의 실천을 수익보다 중요시했다.

파타고니아의 이런 행보를 소비자는 지갑을 열며 반기고 있다. 참고로 파타고니아는 미국발 금융위기가 시작된 2008년 이후부터 꾸준한 실적을 올리면서 판매율이 25% 이상 증가했고, 2014년까지 3배 이상 수익이 증가했으며 2018년에는 연간 약 10억 달러(약 1조 3,000억 원)의 매출을 기록했다. 2021년 영국의 한 패션 매거진이 발표한 전 세계 가장 인기 있는 아웃도어 의류 브랜드 중에서도 최고의 자리에 오르기도 했다. 파타고니아의 사례는 요즘 고객은 자신이 소비하는 제품이 세상에 미치는 영향에 점점 관심을 기울이고 있고, 윤리적 행동과 인류의 지속가능성을 위해 헌신하는 브랜드에 끌린다는 것에 대한 방증이기도 하다. 결국 제 효력을 발휘하는 마케팅은 제품이나 서비스 안에만 있지 않고 직접 쓰는 사람들의 마음에 있다는 것이 증명된 셈이다.

05

에버레인
EVERLANE

1989년, '최신 트렌드를 반영한 옷을 2주 안에 출시한다'라는 모토를 가진 브랜드 자라ZARA가 뉴욕에 진출했다. 당시 〈뉴욕타임스〉는 이를 두고 '패스트패션의 등장'이라고 소개했는데, 이후 H&M, 유니클로 등 다른 글로벌 브랜드까지 합류하면서 '빠른 생산과 매일 다른 디자인'을 특징으로 하는 패스트패션이 전 세계 패션 시장의 흐름을 주도해 나갔다. 저렴한 가격도 사람들 사이에서 인기를 끌었다.

그러나 지금은 패스트패션이 '환경파괴의 주범'이 되었다. 쉽게 구매한 만큼 쉽게 버리는 행위가 아무렇지 않은 일상이 되었기 때문이다. 의류의 생산과 폐기에서 발생하는 엄청난 유해물질과 오염수, 각종 에너지는 환경 호르몬을 유발시켜 생태계에 치명적인 문제를 일으켰다. 해마다 전 세계 의류산업에서 배출하는 이산화탄소는 세계 전체 배출량의 10%를 차지하고, 옷을 만들 때 들어가는 물의 양은 연간 1조 5,000억ℓ에 달한다. 그 중심에는 패스트패션이 있다.

물론 패스트패션 브랜드는 다양한 친환경 전략을 앞세워 사회적 문제를 해결하기 위해 노력하지만, 여전히 문제의 근원적인 해결책은 제시하지 못하고 있다. 예컨대 2013년, H&M을 필두로 글로벌 패스트패션 브랜드는 자사 매장에서 의류 수거 캠페인을 벌여 헌 옷을 수거하고 있는데 브랜드별로 얼마나 수거해 어떻게 이용하는지 구체적인 데이터는 제공하고 있지 않다. 또한 유기농, 재활용 원단을 사용해 옷을 만들고 있지만, 일부 제품에만 적용되고 있고 명품 브랜드와의 협업 등 마케팅 활동을 통한 고객 잡기에 급급하다.

이러한 상황에서 '패션은 더러운 사업이다'라고 공개적으로 인정하면서 패스트패션 브랜드와 대척점에 선 브랜드가 있다. 2011년, 유통 단계를 없애 D2C Direct to Consumer 방식으로 직접 판매를 시작해 현재는 미국 전역에 9개의 매장을 운영 중인 에버레인EVERLANE이 그 주인공이다. 경쟁이 극심한 패션 산업에서 티셔츠, 스웨터, 청바지 등 기본적인 제품만 판매하면서도 창업

10년 만에 매출 2억 5,000만 달러를 돌파한 것을 보면 그들이 제공하는 경험들은 특별한 가치가 있어 보인다.

에버레인은 "사람들이 지구에 최소한의 영향을 미치면서 최고의 삶을 살 수 있도록 역량을 강화하자는 목적"으로 윤리적인 공정, 탁월한 품질, 급진적인 투명성이라는 3가지 원칙을 브랜드 철학으로 삼고 제품의 생산과 판매, 기업 구조, 생태계 보호를 위한 노력 등 자사의 모든 정보를 홈페이지에 공개하고 있다.

심지어 이들은 제품들이 어떤 재료로 어디에서 제작되었고 재료비, 부자재, 인건비, 세금, 운송비 등은 얼마가 들었는지 상

생태계 보호를 위한 에버레인의 활동 목표

우리의 목표: 탄소 발자국 줄이기

파리 협정의 1.5℃ 온난화 경로에 따라
우리는 다음과 같은 과학 기반 목표를 달성하기 위해 노력하고 있습니다.

55%	46%	넷제로
2030년까지 제품당 탄소 배출량을 줄입니다.	2030년까지 매장 및 본사에서 절대 배출량을 줄입니다.	2050년까지(또는 그 이전까지!) 순배출량 제로 달성.

구분	2030년 목표 1	2030년 목표 2
목표	절대 배출량 46% 감소	제품당 탄소 배출량 55% 감소
실행	소매점 및 본사에서 소비하는 모든 전기 재생에너지 사용	매 시즌마다 제품 라인 전반에 걸쳐 재활용 및 유기농 소재 사용

세히 적은 내역을 상품 설명 페이지를 통해 고객에게 공개하고 있다. 심지어 고객들은 제품을 생산한 공장의 웹사이트로 직접 들어가 공장의 작업 환경을 살펴볼 수도 있다. 가령 리넨 셔츠를 생산하는 베트남의 공장은 1,500명이 근무하고 있고 스쿠터로 출퇴근하는 근로자들을 위한 주차장이 마련되어 있으며 직원들이 동료와 함께 점심을 먹을 수 있는 야외 공동 식사 공간이 있다. 이들은 단순한 리넨 셔츠라는 상품 너머를 보여주는 다양한 방법들로 사람들과 함께하면서 '고객 경험'을 새롭게 창조했다. 이들이 창조한 고객 경험의 진정한 의미는 무엇일까? 고객이 좋아하는 제품을 만드는 데 무엇이 들어가는지 알 자격이 있다고 믿으면서 모든 것을 공개하는 것은 고도로 설계된 상술이 아니라, 제품의 판매가 중요하지 않다는 말이다. 그들은 제품을 통해 고객과의 신뢰를 사고팔고, 고객과의 관계 만들기에 주력함으로써 고객이 진정으로 원하는 것을 매우 멋지고, 아름답게 디자인해 주고 있다.

생태계 보호를 위한 노력도 모두 에버레인의 홈페이지에 게시되고 있다. 앞서 언급했던 패스트패션 브랜드의 비공개적 행보와는 정반대다. 우선 이들은 지속 가능한 목표를 달성하고 고객에 대한 책임을 다하기 위해 2030년까지 제품당 탄소 배출량 55% 감소, 매장 및 본사에서의 탄소 배출량 46% 감소를 통해

2050년까지는 탄소 중립, 넷제로Net-Zero에 도달하겠다는 목표를 세웠을 뿐만 아니라 공급망 전체에서 온실가스 배출량을 측정하고 탄소 배출 감소를 위한 최선의 경로도 계획하는 등 전방위적으로 노력하고 있다.

오프라인 매장을 오픈할 때, 모든 매장은 채광창과 유리창을 사용해 충분한 자연광을 제공하고 필요할 때 효율적인 LED 조명만 사용한다. 또한 모든 벤치와 선반, 계산대는 인증된 목재만을 사용하고 러그나 카펫 타일 또한 재활용 소재로 생산된 것을 고집하고 있다. 매장 내 모든 행사에는 일회용 플라스틱을 사용하지 않고 직원 주도의 지속 가능성 위원회에서 재활용 및 퇴비 만들기 등 다양한 친환경 주제와 관련된 파일럿 프로그램을 운영하고 있다.

이들의 다양한 노력은 모든 부분에서 결과로 이어지고 있다. 특히 제품의 경우에는 현재 면화의 66%가 유기농 인증을 받았으며 2023년까지 모든 면화를 인증된 유기농으로 전환하기 위해 노력하고 있다. 또한 공급망에서 90%의 천연 플라스틱을 제거했고 폴리에스터와 나일론이 포함된 의류 소재의 97%도 GRSGlobal Recycled Standard 인증을 받은 재활용 섬유로 만들어지고 있다. 그리고 이 모든 진행 상황을 매년 발행하는 〈지구 영향 보고서*Everlane Annual Impact Report*〉를 통해 꼼꼼하게 기록하면서 고객에게 진정성 있는 모습으로 다가가고 있다.

자연을 위한 이들의 헌신은 사람에게도 동일하게 적용된다. 본사의 직원부터 모든 공장의 직원에 이르기까지 근로자들의 공정한 임금, 노동조건, 합리적인 근무 시간, 안전한 작업 환경 등의 기본권을 보장하고 잠재력을 최대한 이끌어낼 수 있는 지

EVERLANE

2011sus D2C 방식으로 직접 판매를 시작해 미국 전역에 9개의 유통 매장을 겸하고 있는 패션 기업 에버레인은 극단적인 친환경 정책을 펼치며 ESG 경영의 표본으로 불리고 있다.

인적 자원 관리	**"본사 직원 및 공장 근로자에 이르기까지 기본권 보장"** 공정한 임금, 인간적인 노동 조건, 합리적인 근무 시간, 안전한 작업 환경 등 모든 기본권을 보장하고 다양한 펠로우십 프로그램 지원
기술 개발 활동	**"2050 넷제로를 목표로 원자재 혁신 진행"** 2021년 기준 면화의 66% 유기농 인증, 2023년까지 100% 전환 예정 의류 소재의 97%가 GRS 인증을 받은 재활용 원단
자재 조달 관리	**"친환경을 위한 재활용 소재, 최소한의 에너지 사용"** 오프라인 매장은 자연광이 잘 들도록 넓은 채광창만 사용 매장에 쓰이는 기구에는 인증된 목재만 사용
마케팅 활동	**"자사의 모든 정보와 목표, 결과 등을 홈페이지에 공개"** 의류의 재료비, 부자재, 인건비 및 세금, 운송비 등 원가 공개 제품을 생산하는 OEM 공장의 상태, 친환경 정책을 위한 노력 등을 투명하게 공개
수익 창출	**"2021년 매출 2억 5,000만 달러 기록"** 2016년 매출 1억 달러를 돌파, 5년 새 2.5배 급증 수익금은 기술 개발 활동에 집중, 혁신 소재 개발에 투자

원을 마다하지 않고 있다. 2014년부터 블랙 프라이데이 기금을 시작해 사회 및 환경 활동을 위해 140만 달러 이상을 기부했고, 인권 보호, 인종 차별 등에도 지대한 관심을 기울이고 있다. 또 패션 산업을 더 깨끗한 산업으로 이끌어나가기 위해 다양한 펠로우십 프로그램을 개최하면서 금전적인 지원도 지속적으로 하고 있다.

결국, 에버레인의 미학은 진정성이라는 보이지 않는 특성을 능숙하게 보이는 가치로 바꾼 데서 비롯되었다. 사람들은 환상이든 사실이든 이들의 진정성에 열광했고 끈끈한 관계를 형성했으며 창업 4년 만에 2억 5,000만 달러라는 높은 기업 가치를 평가받으며 자신들의 브랜드 가치를 결과로 입증했다.

06

러쉬

LUSH

꽤 오래전 일이다. 해외에 가는 길에 지인에게서 "러쉬LUSH의 화장품을 구해달라"는 부탁을 받았다. 당시 내가 사는 지역엔 러쉬 매장이 없었다. 처음엔 의아했다. '굳이 해외에 가야 구할 수 있는 화장품을 고집하는 이유가 도대체 뭘까?' 아무런 사전 지식 없이 러쉬의 매장을 찾았다. 출입구에서부터 형형색색의 거품이 매장을 가득 메우고 있었다. 직원들은 전시된 욕조 안 거품을 가지고 행인들과 장난을 쳤다. 상품에선 좋은 향기가 감돌았지만, 포장 없이 덩어리째 진열돼 있었다. 포장이 불가피한 화장품만 검은색 용기에 담겨 있었다. 삐뚤게 쓰인 상품명은 지저분하고 조잡한 느낌마저 들었다. 일반적인 화장품 가게에서는 좀처럼 찾아보기 힘든 모습이었다.

때마침 직원이 응대하러 곁으로 왔다. 포장 없이 덩어리째 진열하고 있는 이유를 물어봤다. 2007년부터 환경 파괴의 주범이 되는 포장 쓰레기를 최소화하기 위해 '고 네이키드Go Naked' 글로벌 환경 캠페인을 실행하고 있다는 답이 돌아왔다. 포장지와 용기는 모두 자연분해가 가능한 재활용품이라고 했다. 빈 용기 5개를 가져오면 새 제품 1개로 바꿔준다고도 했다.

매장 곳곳에 붙여진 포스터에 대해서도 물었다. 창업 이래 계속해서 활발하게 동물 권리 캠페인과 청원 운동을 벌이면서 화장품 산업에 만연해 있던 동물실험의 폐해를 알린다고 했다. 러쉬는 '러쉬 프라이즈Lush Prize'라는 이름으로 동물실험을 끝낼 수 있는 혁신적인 해결책을 발굴하기 위해 2년마다 한 번씩 25만 파운드(약 3억 7,000만 원)에 달하는 상금을 걸고 구체적 대안을 찾고 있다는 답이 돌아왔다.

이러한 영국의 '프레시 핸드메이드Fresh Handmade' 화장품 브랜드인 러쉬는 1994년 영국 남부의 작은 항구도시인 풀Poole에서 설립되었다. 2022년 기준 연간 총매출액은 약 8억 3,630만 파운드 (약 1조 원)에 달한다. 러쉬 코리아의 국내 매출액은 같은 해 기준 1,234억 원으로 최근 2년간 연평균 20%씩 빠르게 성장하고 있다. 이 무서운 성장 비결은 어디에 있을까?

러쉬의 공동 창업자인 영국의 모발학자 마크 콘스탄틴Mark Constantine과 뷰티 테라피스트 리즈 위어Liz Weir는 직장 동료였다. 1977년 새로운 사업을 준비 중이던 콘스탄틴은 위어를 설득해 '콘스탄틴 앤 위어'라는 미용 클리닉을 열었다. 과일과 채소 등에서 추출한 성분으로 염색약과 로션을 직접 만들어 팔았다. 사업은 1980년대 초 '더 바디샵The Body Shop'에 제품을 공급하면서 전환점을 맞았다. 당시 더 바디샵에서 가장 판매율이 높았던 페퍼민트 풋 로션, 코코아 바디 버터 등이 이들의 제품이었는데, 이후 다양한 거래처가 늘어남에 따라 더 바디샵과 의견이 엇갈렸다. 1984년 그들은 약 1,100만 파운드에 '콘스탄틴 앤 위어'를 더 바디샵에 매각했다.

회사를 매각한 뒤 두 창업자는 동료들과 함께 통신판매 형식의 화장품 회사인 '코스메틱 투 고Cosmetics To Go'를 새로 창업했다. 제품 카탈로그를 발행하고 우편으로 주문을 받는 한편, 한 달간 판매할 제품 물량을 준비했다. 결과는 대성공이었다. 크리스마스를 위해 준비한 시즌 상품은 크리스마스가 오기 전에 완판되기도 했다. 그러나 이후 몰려드는 주문에 대처할 만한 시스템과 물량을 갖추지 못한 채 결국 두 번째 창업도 실패로 끝났다.

두 번의 실패를 겪었지만 그만큼 창업 노하우도 쌓였다. 이들은 1994년 다시 한번 새로운 화장품 회사를 설립했다. 스코틀랜드의 한 고객이 제안한 의견을 택해 '신선하다'라는 뜻이 있는

'러쉬'를 사명으로 정하고, 그 이듬해인 1995년 4월 정식으로 출범했다. '코스메틱 투 고' 시절 단골 고객의 도움으로 런던의 '핫플레이스'인 코벤트가든에 1호점을, 런던 킹스로드에 2호점이자 첫 대형매장을 열었다. 그리고 오늘날의 러쉬는 총 50여 개 나라에서 900여 개의 매장을 운영하는 글로벌 브랜드로 자리매김했다.

러쉬의 성공비결 중 첫 번째로 꼽히는 것은 '신선한 수제품'이라는 이들의 핵심 가치다. 여기에 원료 수확에서부터 제조 및 유통, 포장에 이르기까지 일관되게 고수하는 원칙이 뒤따른다. 처음 창업할 때 모든 제품을 과일이나 채소 같은 식물 원료에서 추출한 친환경 성분으로 만들었던 방법이 지금까지 유지되고 있다. 이들은 제품 제조 공장을 '부엌kitchen'이라 부른다. 화장품 원재료를 마치 식자재처럼 관리하고, 요리하듯 제품을 만드는 것이다. 일부 매장에서는 시연 공간을 만들어 직접 제조하는 과정을 여과 없이 보여주기도 한다.

이러한 자신감은 확실히 기존 화장품 브랜드와는 다르다. 대부분의 화장품 브랜드가 화려하고 강렬한 디자인에 미사여구로 가득한 홍보문구를 넣어 고객을 유혹하지만, 러쉬는 정반대다. 심지어 광고조차 하지 않는다. 유명인을 모델로 기용하지도 않는다. 그 대신 고객이 제품을 쉽게 고를 수 있도록 제품마다 사용된 성분 목록을 만들어 제공한다. 여러 SNS 채널을 활용해 제조과정과 재료에 대한 사실적인 정보를 콘텐츠로 만들어 공유할 뿐이다.

한때 샴푸에 들어가는 계면활성제 성분 중 하나인 라우릴황산나트륨SLS이 두피에 좋지 않다는 소문이 퍼진 적이 있었다. 러쉬는 즉시 자신들의 샴푸에 포함된 계면활성제 수치를 공유하고 각국의 의사회·산업협회와 함께 자사 제품의 안전성을 검증했다. 한편으로는 인체에 무해한 계면활성제를 개발하는 등 다양한 캠페인 활동도 진행했다. 그 밖에도 러쉬는 환경과 인권, 동물권을 보호하는 여러 가지 캠페인을 전개하면서 전용 제품을 만들어 고객에게 기부를 권하기도 한다. 이런 노력은 실제로 빛을 발했다. 2013년 3월부터 유럽연합에선 화장품 동물실험 영구 금지 법안이 발효됐고, 동물실험을 거친 화장품 완제품은 물론 원료까지도 판매 및 수입이 전면 금지되었다.

창업자 마크 콘스탄틴은 러쉬가 기존 화장품 브랜드와 다른 행보를 보이는 이유를 메뚜기와 꿀벌에 비유해 설명했다. 회사를 키우기 위해 돈을 잔뜩 쥔 투자자들을 끌어들이면 이들은 메뚜기가 되어 탐욕을 일삼으면서 브랜드의 정체성을 훼손하게 된다. 반면 꿀벌처럼 차근차근 회사를 키우고, 돈을 벌려고 조바심을 내지 않으며 좋은 일을 하면 브랜드가 지닌 윤리적 소명과 가치를 희석시키지 않는다는 주장이다. 그의 식견은 현실에서 그대로 적중했다. 유기농 아이스크림 회사인 벤엔제리스Ben & Jerry's는 유니레버✦에, 더 바디샵은 로레알에 팔리면서 최초의 가치가 사라졌지 않은가?✦✦. 러쉬는 사회적 책임과 환경에 대한 중요성을 누구보다 중요시하며 소비력을 행사하는 젊은 세대들의 열화와 같은 성원을 입으며 여전히 굳건한 철학자적인 브랜드의 모습을 보이고 있다.

✦ 벤앤제리스는 1951년 벤 코헨과 제리 그린필드에 의해 설립된 글로벌 아이스크림 브랜드다. 주주와 사원을 위한 사적 이윤을 추구하는 동시에 세상이 더 나아질 수 있도록 기업의 사회적 영향력 확대에 힘썼다. 창립 이후 사회 문제 해결을 위해 기여하는 각종 브랜드 캠페인을 실천하면서 명성을 떨쳤으나, 1990년대 후반 경영상태가 나빠지면서 2000년 다국적 기업 유니레버에게 흡수되었다.

✦✦ 친환경적이고 윤리적인 기업이라는 명성을 갖춘 더 바디샵은 1976년 애니타 로딕이 공정무역을 통해 원료를 조달하고 천연 성분을 쓴다는 점을 강조하면서 시작했다. 이후 환경 문제에 목소리를 내며 브랜드 정체성을 확립했고 1991년 시작한 동물 실험 반대 캠페인이 큰 성공을 이끌면서 더 바디샵의 상징으로 자리매김하였으나, 2006년 로레알에 매각된 이후 기존의 이미지와 명성이 쇠퇴하기 시작했다. 이후 더 바디샵은 2017년 브라질 기업 나투라, 2023년 유럽 사모 펀드 회사인 아우렐리우스에 차례로 팔리면서 예전의 영광을 잃게 되었다.

5장

브랜드 프레임 ③

크리에이터

THIS IS
BRANDING

크리에이터 Creator

콘텐츠나 기술을 활용해 제품과

고객의 감정을 연결하여

지속적으로 유지해 주는 브랜드 프레임

07

레드불

REDBULL

2012년 10월 14일 오스트리아 출신의 스카이다이버 펠릭스 바움가르트너는 고도 12만 8,100ft(약 39km)까지 헬륨 풍선을 타고 올라갔다. 지상 관제소와의 교신이 더는 이뤄지지 않게 된 순간, 그는 지구를 향해 뛰어내렸다. 그가 낙하한 지점은 에베레스트산의 4배를 넘어 지구의 성층권까지 다다른 곳이다. 우리에게 익숙한 오존층보다 높은 우주와의 경계선에서 자유낙하를 시작한 것이다.

자유낙하를 하는 4분 19초 동안 그는 잠시 기절해 지상관제소를 비롯해 전 세계에서 생중계로 지켜보고 있던 800만 명의 가슴을 쓸어내리게 만들기도 했다. 그러나 낙하 후 10분 만에 미국 뉴멕시코 사막에 무사히 안착했다. 당시 그가 기록한 순간 낙하 속도인 시속 1,342km는 흔히 마하라고 불리는 음속보다도 빨랐다. 이로써 바움가르트너는 인류 역사상 자유낙하로 음속을 돌파한 최초의 기록 보유자가 되었다.

이 역사적인 프로젝트에는 준비 기간만 무려 7년, 자금은 6,500만 달러(약 743억 원)가 투입되었다. 성층권 고도에서 신체를 보호하는 특수 우주복인 여압복은 영하 67도에서 38도까지 견딜 수 있고, 내부압력을 0.2기압으로 유지해 주는 특수섬유로 만들었다. 그가 성층권까지 타고 올라간 헬륨 기구가 연결된 가압캡슐엔 15대의 카메라를 포함해 컨테이너 2대 분량에 이르는 각종 통신장비 등을 함께 실었다. 그 밖에 헬멧 역시 산소공급 및 압력조절, 김 서림 방지 등의 최첨단 기술이 적용되었다.

그렇다면 도대체 이 프로젝트는 누가, 왜 진행한 것일까? 국내에서는 이 프로젝트로 어떤 브랜드의 이름을 알게 된 사람들도 많았다. 바로 '레드불'이다. 1987년 오스트리아에서 시작한 세계 1위의 에너지 음료 브랜드가 '레드불 스트라토스Red Bull Stratos'라고 이름 붙인 이 프로젝트를 통해 2012년 한 해 벌어들인 매출은 전년보다 무려 16%나 늘었다. 광고효과는 약 400억 달러(약 47조 원)에 달할 정도로 톡톡히 재미를 봤다.

레드불은 제품 판매 마케팅이 아니라 문화를 창조하는 마케팅으로 이미 유명하다. 일반적인 광고 채널을 활용하면서도 사람들의 이목을 끄는 방법에 정통하다. 성층권 자유낙하 프로젝트는 그들이 펼친 수많은 이벤트 중 하나에 불과하다. 낙하산 없이 날다람쥐와 비슷한 특유의 장비를 착용하고 산과 협곡에서 스카이다이빙을 하는 레드불 윙슈트 팀을 비롯해 절벽 다이빙, 비행기 레이스, 스노보딩 대회 등 익스트림 스포츠에 집중적으로 투자하고 있다.

2009년에는 당시 독일 축구 분데스리가 5부리그에 있던 축구팀을 인수해 'RB 라이프치히'로 재창단하면서 본격적인 축구 마케팅에도 뛰어들었다. 레드불의 RB 라이프치히는 유망주 영입에만 600억 원이 넘는 돈을 투자하면서 7년 사이 4번 승격해 2016년부터 지금까지 줄곧 분데스리가 1부리그에서 활약 중이다. 지금은 영국 프리미어리그에서 뛰고 있는 황희찬이 처음 유럽에 진출할 때 이 팀에 합류해 국내 축구 팬의 관심도 더욱 끌었다. 또한 레드불은 미국프로축구MLS 등 다양한 축구 리그에서 5개의 축구팀을 운영하고 있다.

에너지 음료라고 해서 스포츠 분야에만 돈을 쏟아붓는 것도 아니다. 레드불은 마케팅 비용의 3분의 2 이상을 콘텐츠 제작과 유통에 투자하고 있다. 레드불이 운영하는 모든 이벤트와 프로젝트 영상은 페이스북과 유튜브 등 각종 SNS를 통해 유포되는 것은 물론 다양한 콘텐츠 제작사와 협업하여 드라마나 영화를 제작하는 데도 적극적으로 나서고 있다. 2007년부터는 〈레드 불레틴The Red Bulletin〉이라는 잡지 브랜드를 출범해 10여 년 만에 세계 11개국에서 월 발행 부수 200만 부에 달하는 매체로 성장시키며 미디어 분야까지 사업을 확장했다.

이쯤 되면 레드불은 에너지 음료 브랜드인지, 아니면 스포츠부터 문화콘텐츠까지 다리를 걸친 '멀티미디어' 브랜드인지 정체성이 헷갈릴 정도다. 레드불의 공동 창업자인 디트리히 마테쉬츠Dietrich Mateschitz는 한 인터뷰에서 "어쩌다 에너지 음료를 팔게 된 미디어 회사"라는 농담을 했지만, 사실 레드불은 에너지 음료를 파는 브랜드도, 콘텐츠를 파는 미디어 브랜드도 아니다. 레드불은 자신들이 만드는 콘텐츠를 통해 고객과의 관계 맺기를 제안하는 독특한 유형의 브랜드다.

레드불은 자신들이 추진하는 모든 이벤트와 프로젝트에 에너지를 불어넣는 일을 한다. 그들은 사람들이 좋아하는 이야기를 만들고 그것을 미디어를 통해 공유하면서 고객들의 신체와 정신 능력 향상을 독려하는 태도를 지키고 있다. 이렇게 친밀도를 높인 덕에 고객들은 레드불이라는 에너지 음료에서 자신들이 원하는 이야기를 읽고 돈으로 측정할 수 없는 가치를 얻는다. 레드불 캔 뚜껑을 따는 것만으로 즐거움을 연상하고 기대하게 만든 것이다.

그 결과 레드불은 전 세계 에너지 음료 시장에서 30%를 넘는 점유율을 차지하며 최고의 브랜드로 자리 잡았다. 2022년 한 해에만 판매된 음료가 116억 개를 넘었다. 이미 제조법을 시장에 공개했지만, 코카콜라처럼 비밀 레시피를 보유한 대형 브랜드도 에너지 음료 시장에서만큼은 레드불을 쫓아가지 못하는 판국이다. 일각에서는 레드불이 다방면으로 시도한 마케팅은 에너지 음료 브랜드가 가진 부정적인 이미지를 희석하기 위한 고육지책이었으나 운 좋게 성공한 경우로 보기도 한다.

사실 창업 초기 레드불의 해외 진출을 가로막은 큰 장애물이 카페인 등 각성효과를 내는 성분 함량이 다른 제품보다 매우 높다는 점이기도 했다. 국내에서 시판되는 레드불 250㎖ 한 캔에 든 카페인 함량은 62.5㎎으로 국내 기준에 맞춰 줄였지만, 해외 오리지널 제품은 국내판 제품과 비교하면 카페인 함량이 2배를 훌쩍 넘길 정도다. 또한 타우린 성분도 많이 들어가서 물처럼 자주 마시는 마니아들에게는 건강에 악영향을 미칠 것이라는 우려도 나왔다.

그런데 레드불은 이러한 인식을 정면으로 돌파했다. 카페인 성분이 각성효과를 통해 활력을 높인다는 고객들의 경험적 인식에 근거해 '에너지 보충'이라는 상징적인 의미를 가미시킨 것이다. 그리고 이러한 상징적인 의미를 기반으로 롤러코스터 트랙 위에서 오토바이를 타고 질주하는 이벤트, 전 세계의 초고층 건물을 올라가는 대회 등 위험천만한 익스트림 스포츠 경기를 주최하면서 "레드불=에너지 보충"이라는 공식을 뛰어넘어 '한계에 도전하기 위해 필요한 아이템'이라는 포지셔닝을 대중에 인식시키고 있는 셈이다. 가령 '코로나' 브랜드의 맥주를 마실 때마다 맥주병 주둥이에 라임 한 조각을 꽂아야 진정한 코로나 맥주라고 인식하게 한 마케팅과도 비슷하다. 라임의 신선한 풍미가 다른 맥주와 차별화된 코로나 맥주만의 이미지를 온몸으로 경험하게 하는 감각적인 요소로 작용한 셈이다.

08

프라이탁

FREITAG

고객 불만이 가장 적은 항공사, 시간 약속을 잘 지키는 항공사 등의 수식어가 따라붙는 회사가 있다. 1967년 불과 3대의 보잉 비행기로 항공 운송업에 진출한 미국의 사우스웨스트 항공Southwest Airlines이 그 주인공이다. 이들의 성공 전략은 남달랐다. 활용도가 떨어지는 지방 공항을 이용해 부대비용을 절감했고, 비행기 기종을 하나로 통일시켜 조종사 교육과 부품 재고 등에 들어가는 유지관리비를 대폭 낮췄다. 좌석은 등급도 선택권도 없이 선착순으로 앉는다. 기내식도 최소화했다.

그 결과 이 회사는 거리당 운송비용이 가장 낮은 항공사가 되어 저가 항공사의 표준으로 자리매김했다. 2001년 9·11 테러 이후 많은 항공사가 도산하는 와중에도 꿋꿋하게 자리를 지켰고, 무려 44년 연속 흑자를 기록하는 진기록도 수립했다. 회사 규모가 작은 만큼 효율성에 집중한 창업자 허브 켈러허Herb Kelleher의 전략이 주효했다.

그러나 가장 큰 성공 요인은 따로 있다. 고객에게 비행 중 즐거운 경험을 제공하는 '펀fun 경영전략'이다. 탑승객을 기내 주방으로 데려가 승무원 대신 땅콩을 제공하도록 하는가 하면, 고객을 위해 승무원이 직접 노래를 불러준다. 접근이 금기시되던 조종실 개방도 꺼리지 않고 비행 전 탑승객이 원하면 언제든지 들어갈 수 있도록 했다. 또 무엇보다 비행이 유쾌한 시간이 되도록 최선을 다했다. 이런 기내 방송이 대표적이다. "이 비행기는 금연입니다. 하지만 담배를 피우고 싶으시다면 비행기 날개 위에 있는 라운지를 이용할 수 있습니다. 흡연 중 감상하실 영화는 〈바람과 함께 사라지다Gone with the wind〉입니다."

이와 비슷하게 제품 디자인이나 기능보다 '즐거움'과 '정직함'을 유지하는 것을 가장 큰 가치로 삼는 브랜드가 또 하나 있다. 1993년 스위스 출신의 그래픽 디자이너인 마커스와 다니엘 프라이탁 형제가 설립한 업사이클링 가방 전문 브랜드 '프라이탁FREITAG'이다.

당시 예술학교에 다니던 형제는 평소 접이식 자전거를 타고

다녔다. 그러나 비가 자주 오는 취리히의 날씨 탓에 가방에 넣은 미술용품이 비에 젖어 눅눅해지는 경우가 많았다. 이에 불만을 가진 찰나, 방수포가 씌워진 덤프트럭이 그들의 눈앞으로 지나쳐 갔다. 그들은 상상하기 시작했다. 트럭의 방수포로 가방을 만들어서 자동차 안전벨트로 어깨끈을 만든 뒤, 자전거 바퀴 튜브로 가방의 모서리를 마감한다면 비가 오는 날이어도 가방이 젖는 걸 막을 수 있지 않을까? 자전거를 타고 여행을 즐기는 취리히의 시민이 분명 좋아할 것이란 생각에까지 미쳤다.

그들은 즉시 버려진 트럭의 방수포를 찾아 집으로 가져온 뒤 세탁했다. 그리고 가방끈 하나를 어깨에 메는 형태의 메신저 백을 만들었다. 그걸 본 주변 지인들의 첫 반응은 '더러운 가방'이라는 게 대다수였지만, 버려진 트럭의 방수포와 안전벨트 따위를 재활용해 만들었다고 말해주자 반응이 달라졌다. 이내 자신의 가방도 만들어달라는 부탁이 쇄도한 것이다.

1994년 프라이탁 형제는 취리히 중앙역 부근의 가방 가게를 찾아가 '프라이탁 레투어'라고 이름 붙인 자신들의 가방을 소개했다. 가게 주인은 처음엔 가격이 꽤 높아서 놀랐지만, 가방의 품질이 좋아 판매를 허락하고 진열장에 놔두었다. 어느 정도 시간이 지나면 고객이 싫증을 느껴 인기가 수그러들 것에 대비해 프라이탁 형제는 계속해서 브랜드에 얽힌 이야기 구조를 멋지게 구축해 나갔다. 기존 흑백의 로고도 디자인하지 않는 느낌으로 트럭 방수포의 거친 매력과 잘 통할 수 있도록 새로 다듬었고 가방에 붙은 태그, 포장 등은 물론 홍보 자료, 전단지 등도 매번 친근하고 새롭게 바꿔가면서 점차 변화를 거듭했다.

때론 이벤트를 통해 제품을 만들기도 했다. 프라이탁 가방 모델 중 '마이애미 바이스'라는 가방은 평범한 종이 쇼핑백과 똑같이 생겼다. 이 가방이 탄생한 유래가 재미있는데, 스위스의 대형 유통업체 미그로스가 프라이탁 가방을 모방해 '도네르스탁' 이란 가방을 만들자 프라이탁은 곧바로 미그로스의 일회용 쇼핑백 모양을 베껴 이 마이애미 바이스를 만들었다. 프라이탁은 예술 퍼포먼스를 통해 이 제품을 홍보했다. 2011년 미국 뉴욕의 한 예술센터에서 프라이탁 형제는 채소 수프를 만들고 남은 찌꺼기를 트럭 방수포로 만든 퇴비 용기에 모으는 퍼포먼스를 선보였다. 센터 내 식당에 들른 사람들은 채소 수프를 먹고 이 가방을 공짜로 받았다. 나중에 자기 집에서 유기농 부엌 쓰레기로 퇴비를 만들기로 약속하고, 이를 사진으로 기록하겠다고 서명한 대가였다.

혹자는 프라이탁에 '최초의 업사이클링 제품'이란 수식어를 붙이기도 한다. 하지만 이는 프라이탁이 목표로 하는 가치가 아니다. 프라이탁은 재활용된 '유일한 가방'이 되는 것을 목표로 한다. 그리고 비즈니스의 정직함, 즉 프라이탁 형제가 쓰고 싶은 가방을 만든다는 처음의 신념을 잃지 않는다.

사실 마케팅 기법에서 '최초'가 지닌 함축적 의미는 크다. 사람들의 생각이나 시대의 조류에 남보다 한발 빨리 다가선다는 의미 자체로도 충분히 매력적이기 때문이다. 그러나 프라이탁은 단순히 '최초'로 버려진 재료를 원자재로 썼다는 의미에 머물지 않는다. 빗물을 받아 세탁한 방수포는 사람이 손으로 직접 자른다. 원재료의 패턴과 로고 등의 위치를 감안해 제품을 만들기 때문에 똑같은 무늬는 하나도 없는 '유일한' 제품이 디자인된다. 여기에 재단사들이 일일이 손으로 만들어 야무지게 마감하고, 이후 색깔에 따라 정리해 포장, 발송하는 과정을 거친다. 고객과의 모든 접점에서 정직한 비즈니스의 순환 과정을 자연스레 이해시킬 수 있게 설명하는 것이 우선이다.

프라이탁 가방이 인기를 끌면서 현재 이들의 제품은 공장에서 대량으로 만들어지고 있다. 전 세계 400여 개의 매장에서 매년 55만 개 이상을 판매해 연매출액은 2019년 기준으로 700억 원을 넘겼고, 약간의 부침을 겪고 있지만 2023년에도 400억 달러를 돌파했다. 친환경을 추구하긴 하지만 완벽하게 친환경적일 순 없게 된 셈이다. 따라서 그들은 자신의 브랜드가 보유한 이미지와 정체성 등을 일관되게 구축함으로써 브랜드에 대한 신뢰를 이끌어내는 방향으로 우회했다. 유행을 타는 디자인을 만들지 않는 점, 고객과의 커뮤니케이션 과정에서 '정직'을 강조하는 것도 같은 맥락이다. 특히 온라인으로 판매되는 다양한 모델의 가방은 모든 각도에서 부분 사진을 찍어 세심하게 전시된다. 자신만의 가방을 발견하고 선택하는 즐거운 경험을 찾으라는 배려다. 또 딱히 광고를 하지 않는 대신 동일한 원칙에 따라 디자인한 매장을 통해 자신들만의 일관된 철학을 담은 제품을 선보이기 위해 노력한다.

그리고 2019년, 보유한 프라이탁 가방을 고객끼리 서로 교환할 수 있는 플랫폼 S.W.A.P Shopping Without Any Payment을 론칭해 자신들만의 철학을 고객과 공유할 수 있도록 했다. 또한 2023년, 블랙 프라이데이를 맞이해 전 세계 매장에서 가방을 판매하지 않고 무료로 대여해 주는 캠페인을 펼치면서 시선을 끌었다. 불필요한 소비가 가져오는 환경오염에 대한 반기를 든 셈이다. 끊임없이 새로운 것을 창조하면서도 기존 가치와 고객과의 연결을 저버리지 않는 이 브랜드에 더 이상 무슨 설명이 필요할까?

09

발뮤다
BALMUDA

위대한 기업 또는 브랜드에는 천재 발명가나 괴짜 창업가 등 비범한 스토리가 따라오는 경우가 많다. 마이크로소프트의 빌 게이츠Bill Gates를 한번 살펴보자. 그는 일찍부터 남달랐다. 열 살이 되기 전에 백과사전을 독파한 독서광이자 전미 수학 경시대회에서 1등을 차지한 수학 천재였다. 8학년(한국의 중학교에 해당) 때부터 컴퓨터 프로그래밍에 눈을 뜬 뒤, 고등학생이 되자 교통량 데이터 분석 프로그램을 만들거나 수력 발전 회사의 컴퓨터 프로그램을 설정했다.

1975년 MITS사에서 최초의 개인용 컴퓨터 알테어 8800을 출시했을 무렵, 빌 게이츠는 새 기계를 위한 소프트웨어를 완성했고, 개인용 컴퓨터에 상업용 소프트웨어를 성공적으로 작동시켰다. 이후 그는 하버드대학을 중퇴하고 동업자 폴 앨런과 함께 마이크로소프트를 설립했다. 이 정도는 조금만 관심을 기울이면 알 수 있는 사실이다.

여기 이와는 사뭇 다른 사례가 있다. 지금부터 소개할 이 회사에는 천재 발명가도 괴짜 창업가도 없을 뿐더러, 심지어 도산 직전까지 간 전적이 있다. 가전제품 및 전자기기 등을 개발하는 일본의 기업 '발뮤다BALMUDA'가 바로 그 주인공이다.

발뮤다를 소개하기 위해선 창업가 테라오 겐寺尾玄의 이야기 역시 빠질 수 없다. 그는 이색적인 이력의 소유자다. 일찍이 부모님이 이혼하고 어머니까지 세상을 떠나자 그는 폭주족을 전전하다 급기야 고등학교를 자퇴했다. 그 뒤 1년여에 걸쳐 스페인과 이탈리아 등지를 여행했다.

빌 게이츠가 성공한 데에는 그가 가진 유복한 가정이란 배경도 한몫했다. 아버지는 부유한 변호사였고, 어머니는 잘 나가는 은행가의 딸이었다. 그러나 테라오 겐은 그렇지 못했다. 여행을 다녀온 그는 록 뮤지션으로 활동했지만, 성공을 거두지 못했다. 의기양양하게 시작한 그의 음악 활동은 10년 만에 종지부를 찍었다.

2003년, 그는 새로운 전환점을 맞이하게 되었다. 밴드 활동 당시 애플에서 나온 맥북으로 작업했던 경험을 상기해 맥북 전용 냉각 스탠드를 만들기로 한 것이다. 창업 당시 직원은 그 자신뿐이었고, 회사는 아내와 살고 있는 월셋집이었다. 지금이야 '1인 제조업'이 4차 산업혁명의 전조로 여겨지며 각광을 받고 있지만, 그때는 아니었다. 말 그대로 그는 무모한 도전을 시작했다.

그래도 창업한 첫해 약 600만 엔 정도의 매출을 기록했고, 이듬해 매출은 1,000만 엔에 가까워졌다. 2005년에는 LED 전기 스탠드도 출시했다. 그러나 날이 갈수록 경영 상황은 악화되기에 이르렀다. 문제는 생산 방식에 있었다. 손으로 하나씩 만드는 수작업 방식으로 소량 생산되기에 원가 대비 마진이 적었고, 판매 가격도 높아 고객들에게 가격저항도 불렀다. 엎친데 덮친 격으로 2007년엔 미국에서 서브프라임 모기지 사태가 발생했다. 이로 인해 전 세계적으로 금융 위기가 도래했고, 이 회사 또한 피해 가지 못했다. 매출은 나날이 곤두박질쳐 적자 경영이 지속됐다. 2009년, 마침내 근근이 들어오던 주문마저 딱 그치고 말았다.

테라오 겐은 생각했다. '왜 우리가 만든 제품이 팔리지 않을까?' 고민한 끝에 이유를 발견했다. "발뮤다의 제품을 사지 않는 건 비싸서가 아니다. 필요하지 않기 때문이다." 그는 온 힘을 다해 고객이 필요로 하는 물건을 만들겠다고 결심했다. 이때부터 놀라운 일이 벌어졌다. 내일이라도 당장 망할 것만 같았던 회사는 '그린팬GreenFan'이라는 선풍기를 내놓은 뒤 5년 동안 혁신적인 가전제품을 잇달아 출시하며 매출이 50배 이상 가파르게 증가했다.

비결은 무엇이었을까? 일단 제품의 우수한 성능이 주효했다. 그린팬은 유체역학 구조를 도입해 총 14개의 날개가 이중으로 바람을 내보낸다. 기존 선풍기 날개보다 4배 넓은 면적에 3배 먼 거리까지 바람이 닿을 수 있게 한 것이다. 또한 날개 각도를 수직에 가깝게 설계해 마찰하는 면적을 줄인 결과, 약弱 모드에서 나는 선풍기 소리가 1.3*dB* 미만을 기록했다. 게다가 선풍기 100년 역사상 최초로 선풍기에 AC 모터 대신 '브러시리스 DC 모터'를 탑재해 미세 제어 기능과 낮은 소비전력 및 발열량 같은 장점을 자랑했다. 이후 출시된 제품들도 마찬가지다. 강력한 흡입력을 기본으로 하는 공기청정기, 단시간 내에 빠르게 따뜻해지는 히터, 물탱크가 없는 가습기, 최초로 스팀 기능이 장착된 토스터 등 발뮤다는 제품 본연의 기능에 충실하면서도 고급스러운 디자인까지 가미한 제품으로 고객 만족도를 높였다.

그러나 발뮤다의 성공은 비단 우수한 성능 때문만은 아니다. 발뮤다는 제품을 고안할 때 사람들에게 어떤 만족을 제공해야 하는지 설정하는 일에서부터 출발했다. 제품이 가져야 할 본질적인 기능을 중시하면서도 실제 제품을 사용하는 사람들이 오감으로 만족할 수 있게 바람직한 제품 상을 두고 끊임없이 탐구했다. 그래서 그들은 디자인만 앞세운 가전제품 브랜드가 아니라 실생활에 도움이 되는 도구를 개발하는 개발자로 방향을 잡았다.

이러한 그들의 노력 덕에 눈에 보이는 모든 형태와 디자인 역시 근사해졌다. 예를 들면 발뮤다의 '더 토스터'는 제품에 투명한 창을 내 내부가 보이도록 했다. 기능적인 측면과는 전혀 관계가 없는 장치로, 오로지 제품이 지닌 스팀, 온도제어 기술을 사람들에게 직접 눈으로 보여주기 위함이었다. 또한 다양한 종류의 빵을 위한 5가지 작동모드를 통해 사람들이 필요한 대로 사용할 수 있는 재미를 더했다.

무엇보다 발뮤다는 고객을 함께 살아가는 동반자로 규정한다. 다양한 브랜드의 제품을 놓고 고객들의 고민이 점점 더 커지고 있을 때 부가적인 기능보다는 본연적인 기능, 그리고 덧붙여 기분까지 즐겁게 만들어주는 가치를 중시한 것이다. 제품은 사람이 사용할 것을 전제로 만들어진다는 사실을 알고 사람을 끌어안을 수 있는 인간미 넘치는 브랜드, 이를 토대로 고객과 브랜드 간의 끈끈한 유대적인 관계를 만드는 브랜드를 지향했다.

바로 그 점 때문에 발뮤다는 그린팬의 대박 이후 파산 선고의 위기를 맞이한 적이 있었다. 그린팬 출시 이후 7년이 지나 매출이 100배 가까이 성장했던 2014년, 발뮤다는 그린팬의 성공을 통해 세계 최고의 제품을 만들기 위해 공기청정기, 가습기, 히터 등을 지속적으로 출시했지만 큰 성공을 거두진 못했다. 당시 국제 경기와 일본 내 경제 상황도 한몫 거들면서 엔화 가치마저 하락하고 있던 때였다. 그러나 2015년 집에서 맛있는 토스트를 만들고 싶다는 생각에 개발한 더 토스터가 출시됐고 대히트를 기록했다. 비록 실패는 있을지언정 끊임없이 고객을 생각하는 제품✦을 만들기 위해 노력하는 브랜드로 대중에게 각인되었고, 이 차이가 결국 이들의 호감도를 지속적으로 이어주는 매개가 되었다.

✦ 발뮤다는 2021년 자사의 첫 스마트폰인 '발뮤다 폰'을 선보였다. 그러나 스마트폰 시장의 양극화 현상과 디자인에만 집중한 결과 다른 스마트폰과 차이가 없는 기능 등에 의해 고객에게 외면을 받아 1년 반 만에 스마트폰 시장에서 철수했다. 그동안 제품 하나하나의 개발 스토리를 일본 특유의 장인 정신과 결합하여 고객과 깊은 유대관계를 맺어오던 발뮤다의 실패 사례는, 잘 나가는 브랜드가 터무니없는 믿음으로 그릇된 결과를 내었다고 볼 수도 있겠지만, 한편으로는 브랜드의 생각과 가치관을 지속적으로 표현하기 위한 도전이라는 점에서 충분히 박수받을 만한 자격이 있다.

6장

브랜드 프레임 ④

히든 챔피언

THIS IS
BRANDING

히든 챔피언 Hidden Champion

창의적인 제품과 디자인을 통해

고객 완전 만족을 추구하지만

대중에게는 잘 알려지지 않은

'브랜드들의 브랜드'

10

엘리코

ELEIKO

1957년 스웨덴, 와플 기계를 만드는 공장의 관리자에겐 불만이 하나 있었다. 그는 평소에 취미로 역도를 즐겼는데, 무거운 바벨을 머리 위로 들어 올린 뒤 땅에 내려놓을 때 바벨이 부러지거나 구부러지는 일을 자주 겪었기 때문이다. 역도라는 운동 종목의 특성상 무거울 때는 200㎏도 훨씬 넘는 바벨을 2m가 넘는 높이에서 떨어뜨릴 때도 많다. 부실한 바벨은 무엇보다 선수들의 안전과 생명에 위협이 될 수 있기에 지속적인 역도 훈련과 경기를 위해선 튼튼한 바벨이 필수적이었다. 하지만 당시 바벨을 포함해 강철로 된 운동기구를 만드는 기술 수준은 그리 높지 않았다. 그래서 그는 다니던 공장의 경영주를 설득했다. 아무리 떨어뜨려도 멀쩡한, 튼튼한 바벨을 자신들의 공장에서 만들어 보자고. 그렇게 탄생한 게 바로 엘리코Eleiko다.

엘리코는 역도나 파워리프팅, 각종 근력 운동 용품으로 이름난 브랜드다. 이름만 들으면 생소하게 느껴질 사람들도 올림픽 역도 경기에서 선수들이 들어 올리는 바벨 원판에 그려진 마크를 보면 한 번쯤은 봤던 기억이 날 것이다. 이들이 처음 국제무대에 이름을 알린 시기는 1963년, 자신들의 안방 격인 스톡홀름에서 열린 역도 세계선수권대회부터였다. 대회가 열리는 기간 동안 바벨이나 원판이 파손되는 일이 비일비재했던 당시에 엘리코 바벨은 파손 없이 매끄러운 경기 운영을 보조한 사실이 알려지며 전 세계 역도 관계자들에게 깊은 인상을 남겼다. 1969년 국제역도연맹IWF이 경기 용품 인증제를 도입하면서 엘리코가 처음으로 공인된 브랜드가 되어 그 명성은 더욱 높아졌다.

지금은 바벨과 운동용품으로 인정받는 이들이지만, 창업 당시에는 앞서 언급했던 것처럼 전혀 다른 제품을 생산하고 있었다. 1928년 스웨덴의 할름스타드에서 설립된 엘리코는 와플을 굽는 기계나 토스터와 같은 가정용 소형 전기제품을 주로 만들었다. 엘리코라는 이름부터 '전기장비회사'를 의미하는 스웨덴어를 축약한 데서 왔다. 30년 가까이 본업에 충실하던 이들이 예기치 않았던 '외도'에 나섰고, 오히려 그 뒤로는 새로운 사업이 더 주목을 받으면서 해당 분야의 선두주자가 된 셈이다.

이와 비슷한 사례로는 일본의 '닌텐도'를 들 수 있다. 닌텐도는 1889년 창업 당시 화투를 만들어 파는 개인 상점으로 출발했다. 닌텐도의 화투는 패를 들고 바닥에 내려칠 때 이른바 '손맛'이 좋게 하려고 앞면과 뒷면 사이에 석회 가루를 넣은 점 덕에 인기를 끌었다. 지금은 세계적인 게임 기기 및 타이틀 제조 기업으로 성장했지만, 닌텐도는 아직 당시 모델을 재현한 화투를 팔고 있다. 어쨌든 닌텐도는 화투와 트럼프 카드를 만드는 데서 어린이용 장난감으로, 그리고 게임용품을 만드는 데까지 주된 사업 영역을 변화시켜 왔다.

닌텐도만큼의 연관성은 없지만 엘리코의 사업 영역 다변화도 전혀 무관한 영역으로 손을 뻗은 것은 아니었다. 이전까지 엘리코의 대표상품이었던 와플 기계를 만들던 생산 노동자들은 쇠의 특성을 잘 이해하고 있었다. 역도에 쓰이는 바벨은 높은 곳에서 떨어졌을 때 충격을 잘 흡수해야 하므로 질기면서 탄성도 높아야 한다. 너무 단단하기만 하면 기존 바벨처럼 부러지고, 반대로 너무 유연하기만 하면 바벨 양 끝에 거는 원판의 무게를 이기지 못하고 휘어버리기 때문이다. 엘리코는 얼핏 보면 모순처럼 보이는 두 특성을 잘 조화시킨 바벨을 만드는 데 성공해 시장에도 안착할 수 있었다.

사실상 신생 회사나 다름없는 이 브랜드가 치열한 경쟁 속에서도 살아남을 수 있었던 것은 무엇보다 높은 품질을 꾸준히 유지하고 더욱 개선하는 정공법 덕분이었다. 미국의 요크York나 일본의 우에사카Uesaka 등은 그때나 지금이나 엘리코와 경쟁하는 업계의 라이벌 브랜드들이다. 엘리코는 이들과의 경쟁에서 앞서기 위해 지금과 달리 대부분의 원판이 말 그대로 '쇳덩어리'로만 만들어지고 있던 당시, 고무 제조업체와 협력해 역도용 고무 원판을 만들었다. 한 역도선수가 원판 손상도 막고 바닥에 떨어지며 내는 소음도 줄이려고 원판에 고무 타이어를 끼워 쓰는 모습을 본 뒤 아이디어를 얻어 만든 것이다.

또 엘리코의 바벨은 원판을 끼우는 부분인 슬리브가 최적의 속도로 돌아가는 것으로도 유명하다. 역도선수가 한순간에 온 힘을 다해 바벨을 들어 올릴 때 원판이 부드럽게 회전하지 않으면 무게와 관성을 제어하기 위해 손목과 어깨에 엄청난 부하가 가해진다. 반대로 적절한 속도로 돌아가 부담을 줄여주면 대회 평균 기록이 2~3*kg* 상승하는 효과가 나타나기도 한다.

엘리코는 출시하는 모든 바벨을 대상으로 기계는 물론 직접 손으로도 진행하는 다양한 검사를 거친다. 대회용 바벨은 5,000번 이상 떨어뜨리는 검사를 거친 뒤 판매되고 나면 무기한 제품을 보증한다. 훈련용 바벨 역시 3,000번 이상의 낙하 테스트를 통과해야만 판매 가능하다는 의미로 일련번호를 새겨 출시된다.

와플 기계에서 출발한 회사는 뜻하지 않은 계기로 전혀 다른 궤도를 걷게 됐다. 그동안 성장한 만큼의 사회적 책임을 다하기 위해 인권, 노동, 환경, 반부패 관련 10대 원칙을 기업의 경영원칙에 포함하도록 하는 유엔 글로벌콤팩트 협약에 가입하는 등의 노력도 보인다. 이제 더 이상 엘리코는 와플 기계를 만들지 않지만, 그들이 어떤 제품을 만들던 회사였는지는 지금 판매 중인 바벨에도 그 흔적이 남아 있다. 바벨을 손으로 꽉 잡아 쉽게 놓치지 않도록 해주는 '널링'이란 이름의 꺼칠꺼칠한 부분에 와플 기계 특유의 격자형 무늬를 넣은 것이다. 엘리코 바벨의 마름모꼴 격자형 무늬는 브랜드의 과거와 현재를 이어주는 상징이자, 뜻하지 않게 들어선 길 위에서도 도전하는 용기를 보여준다. 그 용기가 창의적인 제품과 디자인을 통해 고객 완전 만족을 제공하는, 보이지 않는 챔피언의 자리를 만들어 준 셈이다.

11

비브람

VIBRAM

미끄러짐의 문제는 사회의 어디에나 산재한다. 각종 기름을 사용하는 산업현장 노동자나 빙판에서도 활동해야 하는 군인과 구조대원, 조리나 청소 등으로 물이 고인 바닥에서 일해야 할 때가 있는 이들 모두 미끄러짐에 유의해야 한다. 그리고 여기 그 미끄러짐이 부른 안타까운 사고 때문에 탄생한 브랜드가 있다. 등산화 바닥에 붙은 노란 팔각형 로고로 유명한 브랜드 '비브람Vibram'이다.

비브람을 창업한 비탈레 브라마니Vitale Bramani는 이탈리아 밀라노 출신의 산악인이었다. 그는 1935년에 알프스를 오르다 6명의 동료를 잃는 비극적인 경험을 했다. 이 안타까운 사고의 원인이 미끄럽고 제대로 발을 지켜주지 못하는 등산화, 특히 밑창 때문이라고 생각한 브라마니는 눈이나 얼음은 물론, 다양한 지형에서도 뛰어난 접지력을 발휘하는 밑창을 개발하기로 결심했다. 생고무에 황을 첨가한 가황고무가 높은 탄성과 내구성 덕에 등산화에 적용하기 좋겠다고 생각한 그는 이탈리아의 유명 타이어 제조업체 피렐리와 손잡고 1937년 첫 제품을 출시했다. 아직도 수많은 등산화에 쓰이고 있는 고유의 미끄럼 방지 패턴을 새겨넣은 '카라마토Carrarmato' 밑창이다.

비브람은 밑창 제조기술에 있어선 독보적인 위치를 차지한다. 매년 300개 넘는 모델을 개발하고, 4,000만 개 이상의 밑창을 생산하며 전 세계 120개국 1,000개 넘는 파트너사와 협업을 맺고 있다. 하지만 그렇다고 해서 쉽게 눈에 띄는 브랜드는 아니다. 구두든, 운동화든, 등산화든 대부분의 사람은 겉으로 드러난 디자인과 소재에 먼저 눈이 가기 마련이기 때문이다. 신체의 가장 아래쪽, 바닥과 가장 가까운 곳에 있는 밑창에까지 관심을 기울이는 이들은 적다. 그러나 뜻하지 않은 인명사고를 계기로 비브람은 밑창을 향해 눈을 돌렸고, 그 결과 가장 눈에 띄지 않는 곳에 자리 잡고 있으면서도 누구나 인정하는 브랜드로 우뚝 서게 됐다.

미끄러운 바닥에서도 흔들림 없이 잡아주는 밑창을 지향한 브랜드의 정체성은 아직도 이어지고 있다. 얼음 위를 걸어도 미끄러지지 않는다고 자랑하는 '악틱 그립' 밑창을 시연하기 위해 비브람은 미국 뉴욕 한복판에 두꺼운 얼음으로 미끄럼틀을 만든 적이 있다. 한쪽에는 행인들이 신고 있던 본래 신발을, 그리고 다른 한쪽 발에는 악틱 그립 밑창이 달린 신발을 신고 기울어진 얼음 사면을 걸어가게 했다. 보통의 구두나 운동화를 신은 한쪽 발은 속절없이 미끄러졌지만, 다른 한쪽 발이 전혀 밀리지 않고 버텨주는 덕에 얼음 위를 여유 있게 걸어가는 모습은 제품의 신뢰성을 한눈에 보여줬다.

비브람은 현재 30여 개의 서로 다른 특성을 가진 밑창 제품군을 선보이고 있다. 미끄럼 방지 기능만 해도 얼음이나 물, 기름 등 서로 다른 환경에 특화된 제품군으로 나뉘어 있고, 산업용 안전화 밑창이나 소방용 내화 처리 밑창 등은 그 자체로 신발의 기능 대부분을 함축한 제품들이다. 특히 이들이 1967년 내놓은 '시큐리티 솔' 안전화는 이들이 만들어 판매한 제품이 신발을 구성하는 일부임에도 최초로 '평생 품질 보증' 방침을 내세워 주목과 신뢰를 함께 받았다.

여기에 구두나 캐주얼화 등 일상용 신발을 위한 보다 유연하고 편안한 밑창 역시 높은 신뢰를 받고 있다. 다른 취미활동에 비해 신발의 비중이 큰 등산의 경우 등산화를 구매할 때 신발 브랜드는 물론 밑창이 어느 회사 제품인지까지 확인하는 경우도 많아 비브람의 인지도가 더욱 높아지기도 했다.

1937년 창업한 비브람이 세계적인 명성을 높이게 된 계기도 등산화 분야에서의 높은 품질이 밑바탕이 됐다. 세계에서 두 번째로 높고, 산세가 가장 험하다고 악명이 높아 에베레스트보다 1년 늦은 1954년에야 첫 등정에 성공한 K2를 최초로 오른 산악인의 등산화가 비브람 밑창을 사용했다. 창업자인 비탈레 브라마니도 소속돼 있었던 이탈리아 산악회CAI의 전문 등반가들이 최초로 K2를 정복하면서 신은 등산화 브랜드인 돌로미테Dolomite 못지않게 비브람도 눈길을 끌었다. 단순 트레킹용과 전문 등산화, 고산 등정용 특수화 등 등산화의 갈래가 세분화된 것도 비브람이 이때부터 제품군을 다양화한 데 따른 것이다.

등산이나 행군, 산업용이나 일상용 같은 다양한 상황에 맞춰 나오는 여러 신발 제조업체의 요구에 딱 맞는 제품을 납품한 것 역시 비브람의 성공 요인이 됐다. 신발 제조업체가 원하는 신발의 특성에 맞게 비브람 자체 기술센터의 전문 연구를 거쳐 특정 비율로 재료들을 배합한 화합물compound 소재와 특수 패턴으로 최고의 착화감을 끌어내는 데 주력하기 때문이다. 심지어는 비브람 밑창의 노란 팔각형 로고가 신발 브랜드의 마케팅 요소가 될 정도로 입지가 역전될 때도 많다. 이처럼 1차 고객인 제조사의 요구에 누구보다 충실하지만, 비브람이 납품을 거절하는 요구도 있다. 1969년부터 쓰인 노란 비브람 로고를 새기지 않고 밑창을 납품해 달라는 요구다. 어디에 쓰이든 자신들의 제품이라는 점을 당당하게 보이겠다는 자신감의 발로다.

이들의 자신감을 우습게 볼 수 없는 것은 단지 이들이 업계에서 시기적으로나 매출로나 가장 앞서 있기 때문이 아니다. 개발한 기술을 무엇보다 실제 현장에서 검증하기 때문이다. 실험실에서 구상하고 만들어진 제품들은 등산을 비롯한 각종 야외 스포츠 선수들에 의해 세계 각지의 현장이 바로 테스트 장소가 된다. 이들이 검증하며 지나는 거리만 연평균 100만㎞에 달한다. 그리고 이렇게 수집된 데이터가 다시 미국과 중국의 기술센터로 전달되면 생산과정에서의 엄격한 품질 관리까지 거쳐 고객들에게 전달된다.

완제품인 신발 대신 '부품'인 밑창으로만 한 우물을 판 비브람에도 완제품 신발이 없는 것은 아니다. '파이브 핑거스'와 '컴포넌트' 같은 신발 제품은 생김새부터가 독특하다. 파이브 핑거스는 흔히 '발가락 양말'로 불리는 양말과 비슷한 모양으로 발가락 하나하나를 따로 집어넣게 만든 디자인인데, 2005년에 출시된 직후부터 긍정적으로든 부정적으로든 화제를 모았다. 여기에 비브람의 정체성인 밑창만 부각해 충격을 흡수하는 중창과 안창은 최소화한 두 제품의 특성도 '호불호'가 갈리는 지점이다. 비브람은 인류가 오랜 기간 유지해온 맨발 걸음의 느낌을 충실히 재현한다거나, 그들의 첫 제품인 카라마토 밑창의 현대적 재해석을 내세우며 이들만이 만들 수 있는 제품을 내놓았다.

브랜드의 세계에서도 정상의 자리에서 미끄러져 추락하는 일은 비일비재하다. 신생기업이 무섭게 치고 올라오며 선두를 빼앗기는 일도 있고, 최고라는 자만감에 도취해 방만한 경영을 일삼다 자멸하는 경우도 있다. 물론 비브람이라고 해서 언제까지고 현재의 위치를 지켜갈지는 알 수 없지만, 그래도 확실한 교훈 하나는 준다. 어떤 높은 봉우리도 한발 한발 신뢰와 검증으로 내디딜 때만 정상까지 오를 수 있다는 사실을.

12

테트라팩

TETRA PAK

타 브랜드들을 선도하는 '리딩 에지leading edge' 브랜드들은 고유한 '자기다움'을 지니고 있다. 유형적인 이미지뿐만이 아니다. 그 기업이나 제품, 서비스가 보유한 무형의 가치관·의미 등의 매력도 포함된다. 이런 유·무형의 요소가 고객에게 확실하게 전달되면 지갑이 열린다. '그 브랜드라면 믿고 살 수 있어'라는 기준이 확립되는 것이다.

독일의 자동차 BMW를 예로 들어 보자. 눈에 보이는 요소에는 콩팥 모양의 '키드니 그릴'이 눈에 띈다. 자동차 C필러 하단 뒷좌석 문 끝부분에서 유리창에 감겨 꺾이는 부분인 '호프마이스터 킨크'도 모든 차량에 적용된다. 귀에 들리는 요소들도 있다. BMW는 사운드 디자이너팀이 별도로 존재한다. 이들은 엔진 특유의 소리, 자동차 문이 닫히는 소리는 물론 문이 잠길 때 딸깍거리는 소리까지 관리한다. 이렇게 기술력과 결합된 요소가 BMW 전체 자동차 라인에 공통적으로 적용된다.

나이키의 '에어 맥스' 운동화도 마찬가지다. 1987년 나이키는 나사의 엔지니어가 최초로 고안한 에어쿠션 기술을 수용해 '에어 맥스 1'을 출시했다. 그리고 뒤꿈치 양쪽 측면에 탑재된 에어쿠션을 직접 볼 수 있도록 투명하게 드러냈다. 최초로 이 기술을 적용했지만, 에어쿠션을 직접 볼 수는 없었던 1979년 제품 '에어 테일윈드' 운동화와는 완전히 달라졌다. 고객들은 에어쿠션을 밟고 뛰는 개념을 쉽게 이해했다. 손가락으로 에어쿠션을 누르면서 스펀지 밑창보다 훨씬 좋은 완충력을 눈으로 경험했다. 무엇보다 기존의 운동화와는 다른 디자인 역시 고객들은 멋지다고 받아들였다.

이처럼 확고한 정체성을 가진 브랜드들 사이, 이상한 브랜드가 하나 있다. 눈으로 봐서는 고유의 '자기다움'을 확인할 수 없다. 제품의 라벨조차 쉽게 확인하기 어렵다. 그런데 전 세계 매출액은 20조 원에 달한다. 170여 개국, 2,600여 개의 브랜드를 고객으로 두고 연간 약 1,500억 개의 제품을 생산한다. 이 재야의 고수 같은 브랜드는 어디일까? 바로 음식 및 음료 포장 용기 브랜드 '테트라팩Tetra Pak'이다.

테트라팩을 처음 개발한 스웨덴의 루벤 라우싱Ruben Rausing 박사는 1943년 당시 병 우유가 광범위하게 판매되는 사실에 주목했다. 그는 제작비용이 많이 들고 깨지기 쉬우며 소독처리가 되지 않아 비위생적인 유리병을 대신해 우유를 담을 수 있는 포장 용기를 고안하기 시작했다. 당시에는 제2차 세계대전의 여파로 원자재 부족이 심해지면서 저렴하고 깨지지 않는 새로운 용기에 대한 수요도 늘고 있었다.

라우싱 박사는 약 7년간의 연구 끝에 상자를 코팅 및 밀봉하는 혁신적인 기술을 발명했다. 그리고 1951년 테트라팩의 전신인 AB-테트라팩을 설립했고, 이듬해 사면체 우유 팩 생산 기계를 고안해 오늘날 종이팩의 원형이 된 새로운 소재의 우유 팩, '테트라팩 클래식'을 생산했다. 이 사면체 모양 테트라팩의 개발에는 비하인드 스토리가 있다. 라우싱 박사는 아내가 전통 방식대로 소시지를 만드는 방식에 주목했다. 우선 그는 종이를 긴 튜브 형태로 만들고, 그 안에 내용물을 흘려보내는 동시에 양 끝을 직각 모양으로 잘랐다. 그랬더니 삼각뿔 형태의 사면체가 만들어졌다. 테트라는 숫자 4를 의미하는데, 결국 회사의 이름을 정하는 데 결정적인 힌트가 되었다.

테트라팩 클래식은 1959년까지 약 10억 개가 생산됐다. 라우싱 박사는 유럽과 다수의 개발도상국에서 '바로 먹을 수 있는 제품'에 대한 수요가 있다는 사실을 발견하고 1961년부터 독일 슈투트가르트에 자체 연구소를 운영하면서 기존의 테트라팩에 알루미늄 포일 층을 넣은 무균처리 기술인 아셉틱Aseptic을 선보였다. 이를 통해 빛과 산소, 세균을 차단하는 멸균 효과뿐만 아니라 유통기한도 늘릴 수 있게 했다. 이에 따라 냉장 보관과 유통이 크게 필요하지 않게 되면서 공급단계는 줄고 가격에 대한 경쟁력은 높아졌다. 1964년 유럽 외 국가로는 최초로 레바논에 진출한 이래, 전 세계로 사업 확장에 나선 테트라팩은 한국에도 1986년 법인을 설립해 1989년에는 경기 용인에 최초로 공장을 가동했다.

1993년 테트라팩은 '용기는 제작하는 데 드는 비용보다 더 많은 돈을 아낄 수 있도록 해야 한다'라는 라우싱 박사의 창업 원칙에 기초해 또 한 번 기술을 업그레이드했다. 기존 알루미늄 포일 층에 종이, 폴리에틸렌 등을 넣어 촘촘하게 만든 6겹 포장은 부패를 촉진하는 산소가 들어오는 것을 막아 상온에서도 몇 달씩 음료를 보관할 수 있게 했다. 더 적은 자원을 사용하는 더 혁신적인 기술 개발로 비용 절감과 함께 환경을 보호하는 가치 또한 제공한다는 원칙을 실현한 것이다.

그러나 이런 시도가 반드시 성공적이기만 했던 것은 아니다. 1990년대 들어 당시 생산되던 무균 팩이 재활용될 수 없다는 이유로 환경주의자들에게 공격을 받은 적도 있다. 설상가상으로 미국 메인주에서는 환경보호를 이유로 무균 팩을 금지하는 법안까지 통과됐다. 유럽과 달리 식음료의 냉장 보관이 익숙한 미국의 문화적 환경이 주된 원인이었다. 테트라팩의 대응은 '재활용을 가능하게 만드는 것'이었다. 경쟁 음료 포장 회사들을 끈질기게 설득해 공동으로 '무균포장업협회'를 설립했고, 과학자들과 함께 재활용 프로그램을 만드는 데 성공했다. 지속적인 R&D와 캠페인을 통해 품질과 재활용, 두 마리 토끼를 모두 잡으며 차차 고객들로부터 공감과 신뢰를 얻었다.

테트라팩은 2004년부터 '소중한 것을 지킵니다Protect What's Good'를 기업의 새로운 모토로 지정했다. 이러한 움직임은 고객의 필요를 중시하고 이해한다는 점을 분명하게 알리기 위한 노력의 일환이다. 2020년 기준 테트라팩은 원천기술인 아셉틱 기술을 활용해 음료뿐 아니라 과일과 채소, 동물의 사료 등을 포장하는 다양한 패키징 제품을 만들어 일상생활 곳곳에서 고객을 만나고 있다. 식음료의 안전한 유통을 목표로 설립된 기업이 오늘날 모든 식음료를 위한 맞춤형 솔루션을 제안하는 기업이 된 것이다.

그래서 테트라팩의 용기를 사용하는 음료 제조업체 역시 제품의 품질이 개선되고 유통기한이 길어지면서 비용이 절감되는 상대적 이점을 누릴 수 있다. 실제로 일명 '단지 우유'라고 불리는 빙그레의 대표 제품 '바나나맛 우유'도 중국에 처음 진출할 때는 테트라팩 용기에 제품을 담아 판매했다. 현지 공장 설립 과정에서 오는 부담을 덜기 위해서였다.

테트라팩은 고객사에 단순히 용기 그 이상을 의미한다. 구체적인 필요와 요건에 맞게 기술적 계획을 세운 다음 가공·포장·유통을 위한 완전한 시스템을 공급해 주기 때문이다. 필요한 설비와 포장 소재만 제공하는 것을 넘어 글로벌 시장에 대한 지식을 활용해 해외 마케팅까지 돕고 있다. 고객사 브랜드의 이면에 자리 잡아 잘 눈에 띄지 않지만 확고한 이들만의 '자기다움' 덕에 테트라팩은 히든 챔피언이자 '브랜드들의 브랜드'로 꼽히기에 충분하다.

7장

브랜드 프레임 ⑤

리씽커

THIS IS
BRANDING

리씽커 Rethinker

기존의 비즈니스를 다른 관점으로 인식,

새로운 부가가치를 창출하는 브랜드 프레임

13

모리오카 서점

MORIOKA SHOTEN

2019년 6월, 서울 종로구 서촌에 신기한 서점이 문을 열었다. 매대를 채운 건 흔한 베스트셀러나 유명인의 추천 도서가 아니었다. 달랑 한 권의 책만 3평 남짓한 작은 공간을 꽉 채우고 있었다. 매달 한 권의 책이 주인공이 되는 공간인 '한 권의 서점'이다. 한 권의 서점은 달의 첫날 단어 하나와 함께 그 단어에 어울리는 책 한 권을 선정한다. 신간과 구간, 독립출판물 등을 구분하지 않고 책을 고른 뒤 그 내용과 연관 있는 사진과 영상을 함께 전시해 책에 대한 경험을 극대화한다. 눈으로 보는 것뿐 아니라 온몸으로 느낄 수 있게 공감각적 체험을 제공하는 것이다.

지금은 한 권의 서점이 오프라인 매장의 문을 닫고 온라인 영업을 하고 있지만, 당시만 하더라도 서촌 내 숙박업체와 연계해 숙박 고객이 입실 당일 이 서점에 들르면 잠옷과 책은 물론 서촌에 관한 다양한 정보를 알려주는 서비스를 제공했다. 서점의 역할이 지역의 역사와 문화·생활정보 등 지적 호기심을 채워주는 것을 넘어 사람을 모으는 광장의 몫까지 도맡을 수 있게 확대된 사례라고 볼 수 있다.

시대가 달라짐에 따라 서점도 변화를 피해갈 수 없게 됐다. 세계 각국의 정보를 쉽게 접할 수 있는 시대가 오면서 서점에서 영화감상이나 북토크 같은 이벤트를 열어 사람을 모으는, 광장의 역할을 하는 모습은 그리 낯설지 않다. 그 결과 전에 볼 수 없었던 다양한 서점이 나타나고 있다. 디지털 시대가 되면서 생활은 편리해졌지만, 고객들은 향수를 자극하는 아날로그 콘텐츠에 흔들린다. 우리는 클릭 한 번이면 서점에 가지 않고도 책을 살 수 있다. 그러나 그곳에 이야기는 없다. 서점으로 향하는 길목의 풍경, 서점에 들어섰을 때 풍기는 종이 냄새, 땀을 흘리며 일하는 사람들의 역동적인 모습은 서점에 직접 가야 느낄 수 있다.

다시 한 권의 서점으로 돌아가 보자. 그런데 '한 사람을 위한 한 권'을 추구하는 배려는 이곳이 최초일까? 이 질문에 대한 답을 찾기 위해선 일본 도쿄의 중심지 긴자로 떠나볼 필요가 있다. '한 권의 책을 파는 서점'이라는 콘셉트를 최초로 내건 '모리오카 서점'이 있는 곳이기 때문이다. 긴자는 고급 부티크들이 몰려 있는 지역으로 유명하지만, 모리오카 서점이 있는 1번가는 서점과 어울리는 고즈넉한 분위기의 조용한 거리다. 이곳에 간판도 없이 책 한 권만 파는 서점이 5년 넘게 자리 잡고 있다.

모리오카 서점이 처음 문을 연 시점은 2006년으로 거슬러 올라간다. 서점 대표인 모리오카 요시유키는 고서적 전문 서점인 잇세이도 서점에서 8년 동안 점원으로 근무한 경험을 바탕으로, 처음엔 도쿄역 근처에 개인 서점을 열었다. 그는 개업 초기부터 책만 파는 게 아니라 갤러리와 대관 업무를 병행하면서 기존 서점과 다른 방향으로 나아가는 일종의 '대안 서점'을 표방했다. 당시 일본에서는 '대안'이라는 말이 유행했는데 오래된 빈티지 책이나 잡지 수집자들을 이끈 '카우북스', 예술 분야의 헌책을 주로 판매한 '릴아트' 등이 대안 서점의 선구자였다.

모리오카 대표는 대안 서점의 지속 가능성을 고민하며 정기적으로 출판기념 전시회를 열었고, 다양한 업체와의 협업을 지속했다. 특히 일본에서 활발하게 활동하는 한국계 디자이너 소냐 박의 브랜드 '아트 앤 사이언스'와 협력하고, 데님 의류를 만들어 파는 브랜드 '캐피탈'의 본사 내 서점에 들어갈 서적들을 선별해 주는 등 '2차원인 책의 내용을 3차원의 공간에 내놓는다'라는 독특한 취지를 구현하려 노력했다.

마침내 그는 책 출간 행사에서 파생된 전시회로 사람들의 마음을 훔칠 수 있다고 판단해 아예 한 권의 책만으로 꾸리는 서점도 충분하겠다는 생각에 이른다. 특별히 분야를 정해놓지 않고 자신이 좋아하는 책이나 지인에게서 추천받은 책을 매주 한 권씩 소개하는 서점을 2015년 5월 도쿄 긴자에 새롭게 개점했다. 모리오카 서점은 매주 화요일 새로운 책이 들어오는 시기에 맞춰 내부를 재구성한다. 선정한 책 한 권을 중심으로 가지를 뻗어 다양한 파생상품을 전시 및 판매한다. 가령 책이 사진집일 경우에는 사진 전시회를 열고, 미술책이라면 갤러리 역할을 한다. 책의 저자와 편집자는 가능한 한 오랫동안 서점에 상주하면서 방문객들을 응대하고, 북토크를 즉석에서 열기도 한다.

사실 출판대국인 일본에서는 모리오카 서점이 지향하는 대안 서점의 형태가 이전에도 여러 차례 나타난 적 있다. 특히 영국의 신문 〈가디언The Guardian〉이 꼽은 '세계에서 가장 훌륭한 서점 10' 목록에 든 일본 교토의 게이분샤 서점은 1975년 창업 이래 직원들이 직접 서가 진열을 맡아 판매 부수나 발매 시기 등에 구애받지 않고 책을 큐레이팅한다. 서점에 갤러리와 카페를 같이 운영하면서 책과 독서의 기능을 확장한 모습을 보여주기도 했다. 그 결과 서점 주변에 여러 특색 있는 가게들도 들어서면서 서점이 있는 교토 이치조지 지역은 지금도 독특하고 개성 있는 분위기로 많은 관광객이 찾는 대표적인 명소가 되었다. 주말이면 2만 명이 넘는 인파가 모이는 도쿄의 츠타야 티사이트 역시 도심 한가운데서 녹음이 울창한 휴양지의 분위기를 느낄 수 있게 하는 서점으로 유명하다. 책과 음악·영화 등 다양한 문화 콘텐츠를 한꺼번에 즐길 수 있는 '내 집 같은 공간'을 표방한 곳이다.

비록 후발주자이긴 해도 모리오카 서점이 지닌 브랜드로서의 상징적 의미는 크다. 무엇보다 주목할 점은 책이 지닌 핵심적인 가치를 전달하는 것을 넘어 새로운 문화를 제공하는 미디어에 이르기까지 서점의 영역을 확장했다는 점이다. 정보를 판매하는 공간에서 감성과 취향을 제안하는 공간으로 변모하는 과정에서 한 권의 책을 제외한 나머지 요소를 지워버렸다. 이러한 단순화가 '가장 분명한 공간'이라는 인식의 새 지평을 연 것이다.

모리오카 서점은 서점뿐만 아니라 어느 상품이든 서비스든 비슷비슷해져 버린 시대에 새로운 전략을 과감히 실현해 성공시킨 대표적 사례다. 그들은 고객에게 '많은 것'을 제안하지 않고 '다른 것'을 제안했다.

수많은 책 사이에 묻혀 어느 책을 골라야 할지 모르는 이들을 위한 큐레이팅은 이제 흔해졌다. 머리로 하는 이해보다 마음 속 공감의 무게가 더 커질 때 브랜드는 고객의 내면에 자리를 잡게 된다. 그래서 그들은 단순히 책을 판매하는 기술을 고안해 내는 대신 자신이 세상에 제시하려는 삶의 방식을 여과 없이 보여주는 쪽으로 나아갔다. 그 결과 모리오카 서점은 하나의 브랜드가 되는 지위를 누리게 됐다.

14

도쿄 R 부동산

TOKYO R REAL ESTATE

"노출이 가진 가능성."

어느 부동산 중개소의 온라인 사이트에 이런 제목으로 매물이 하나 나왔다. 이 건물을 담당하는 직원은 골조만 있는 150㎡ 공간에 30㎡의 발코니가 붙어 있고 화장실과 욕실도 텅 비어 있는 이 매물을 가리키며 "집이란 어차피 거기서 거기"라는 말을 덧붙였다. 주택이란 게 내용물만 보면 크게 차이가 나는 상품이 아니니 차라리 뼈대만 있는 집을 사서 마음대로 수리해 거주하라는 의미의 광고였다.

부동산을 찾는 일반적인 사람들에겐 맞지 않는 광고다. 오늘날 대부분의 사람은 집을 자산의 형태로 보기 때문이다. 집을 매수한 뒤 되팔아 차익을 남기는 것이 주요 과제이기에 뛰어난 입지와 편리한 주변 환경, 우수한 구조 설계 등이 집을 매매하는 결정적 요인이 된다.

그러나 이 부동산 중개소는 심상치 않다. 위에서 언급했던 광고는 약과다. '최고의 옥탑방'이라는 이름으로 나온 매물은 8층 건물 옥상 한가운데 있는 10㎡ 남짓한 원룸이었다. 이를 소개하면서 한껏 기지개를 켜고 싶게 만드는 개방감 가득한 옥상을 혼자서 누릴 기회라고 알리기도 한다. '푸름에 둘러싸여'라는 명칭으로 나온 매물은 계절별로 누리는 녹음과 그 사이로 스며든 햇빛과 그림자가 항상 방안을 가득 채우는 모습이 일품이라고 소개한다.

이 밖에도 부동산 매물이 있는 동네는 어떤 동네인지, 어떤 가게들이 있고 공원이나 산책길은 어떤지, 베란다 조망과 창밖 야경의 모습 등 매물이 가진 이야기를 찾아 매력적인 사진과 감각적인 글로 소개한다. 한마디로 사람들의 취향과 개성을 생각해 각자 기호에 맞는 매물을 제안하고 있다. 물론 동시에 설비가 낡아 개조가 필요하다는 등의 단점도 빠짐없이 설명한다. 일본의 부동산업체 '도쿄R부동산'의 이야기다.

도쿄R부동산은 2003년 설립된 온라인 기반의 부동산 중개·거래소이다. 공동 설립자이자 건축가이기도 한 바바 마사타카는 설계사무소 창업을 준비하면서 살짝 고쳐서 쓸 정도의 빈 건물을 찾기 시작했는데, 그 과정에서 부동산 중개소와 자신이 생각하는 '괜찮은 빈 건물'의 기준이 다르다는 것을 체감했다. 이후 그는 자신이 좋다고 생각하는 빈 건물을 찾아 사진을 찍고 주관적인 해석을 달아 블로그에 올리기 시작했고, 블로그를 통해 빈 건물을 빌릴 수 있냐는 사람들의 의뢰가 많아지자 부동산 개발자인 요시자토 히로야, 경영 컨설턴트인 히로시 아츠미 등과 함께 도쿄R부동산을 설립했다.

이들은 부동산의 문을 열고 도쿄 니혼바시 지역 일대를 중심으로 오래된 매물을 소개하기 시작했다. 니혼바시 지역은 과거 에도시대부터 도쿄의 중심지로 각종 화장 도구나 장신구, 의류 등을 판매하는 도매상이 1,500여 곳 이상 밀집된 상업 지구였다. 하지만 일본의 버블경제 몰락 이후 시작된 '잃어버린 10년'을 겪으면서 장기침체로 인해 도매상으로 운영되던 창고형의 빈 건물이 오랫동안 방치되고 있었다. 더군다나 도쿄의 중심인 긴자와 가까울 뿐만 아니라 다양한 전철 노선이 지나가는 곳에 위치해 교통편이 매우 좋았지만, 오래된 지역이라는 이미지로 인해 사람들이 많이 찾는 곳도 아니었다.

다른 관점을 가진 도쿄R부동산은 이 지역을 시작으로 도쿄 내 도심공동화 현상이 일어난 지역의 빈 건물을 대중에게 제안하기 시작했다. 이들은 사람은 각자 다른 조건과 취향을 가지고 있다고 생각했고, 매력적으로 보이지 않는 물건도 사람에 따라서는 보물 같은 공간으로 느낄 수 있다는 것에 주목해 '숨겨진 매력'이 있는 물건을 소개해 나갔다. 그리고 부동산 중개소의 본질이란 좋은 매물을 합리적인 가격에 제공하는 것만이 아니라, 매물과 사람, 사람과 사람을 연결해 주는 관계 기반의 비즈니스여야 한다고 인식했다. 또한 공간을 새롭게 꾸미고 만들며 지속적으로 가꿔 나가는 것은 인간의 가장 근원적인 즐거움이므로 당장 임대하거나 매수하지 않더라도 새로운 주거방식, 그리고 스스로 원하는 것을 깨달을 수 있는 방향을 제시하는 데 주력했다.

이것이 시사하는 바는 크다. 왜냐하면 이들은 매물 하나하나를 독립된 브랜드 관점에서 바라봤기 때문이다. 단순히 건물 내외부의 '컨디션이나 디자인'만으로 판단하지 않고 건물을 브랜드의 개념에 대입시켜 살아 있는 유기체로 본 것이다. 자신들이 제안하는 새로운 가치관을 전하는 통로로 매물을 활용했고, 도쿄R부동산이란 중개소는 이를 널리 알리는 미디어의 기능을 더하는 것이라고 본 셈이다.

브랜드는 멋진 상징이나 로고 마크, 최신의 트렌드가 가미된 상품만으로 좋다고 판단할 수 없다. 사람들이 파타고니아의 제품을 선호하는 이유는 단순히 그 제품이 좋아서가 아니라 파타고니아가 추구하는 가치에 동의하기 때문이다. 도쿄R부동산은 중개업을 통해 금전적 이익을 초월한 사회적 가치를 실현하는 것을 조직의 비전으로 삼고 있다. 이런 비전에 있기에 도시 안에서 불거진 각종 사회적 문제를 해결할 수 있는 원동력으로 빈 건물을 활용한 디자인을 선보였고, 나아가 기획과 설계, 리노베이션, 건물 관리 등 종합 부동산 개발자의 역할로 영역을 확장하기도 했다. 게다가 2015년부터는 공공건물을 대상으로 하는 '공공R부동산'도 운영하기 시작했다. 일본의 사회적 문제 속에서 올바른 건축의 모습과 건축가의 역할은 무엇인지에 관해 고민한 것을 바탕으로 다양한 프로젝트를 병행하는 새로운 형태의 브랜드를 만들어냈다.

이들을 통해 우리가 궁극적으로 알게 되는 브랜드의 가치는 무엇일까? 바로 부동산 물건을 '매물賣物'로 보지 않고 '매물買物'로 바라본다는 점이다. 즉, 자신이 파는 물건으로 인식하지 않고 고객이 사는 물건으로 인식하면서 고객의 입장에서 소통하고 있다는 사실이다.

물건을 판매하는 입장에서 고객과 대화하다 보면 무심코 장점이나 혜택만을 소개하게 된다. 장점만을 구체적으로 반복해 전달하다 보면 듣는 고객의 입장에서는 정작 침이 마르도록 칭찬하는 물건이 다른 물건과 어떻게 다른지 도무지 알 수 없게 된다. 그러나 도쿄R부동산은 부동산 중개소의 입장에 서는 대신, 고객과 깊이 있는 상호작용을 통해 살 사람이 해당 물건에 대해 스스로 이해하고 조금 더 올바른 선택을 할 수 있도록 돕는 여러 방향을 제시한다.

최근 국내에서도 사람들의 관심이 얼마나 고가의 집을 살 수 있는지가 아니라, 어떻게 집을 효율적으로 구입 또는 공유할 수 있는지로 점차 변모해 가고 있다. 이는 집이라는 개념이 돈이나 규모와 같은 정량적 문제에서 벗어나 개인의 삶의 가치에 대한 문제로 인식되고 있다는 뜻이기도 하다. 여기에 더해 도시의 과밀화와 인터넷 플랫폼의 등장 같은 사회적 이슈도 부동산의 개념을 다른 관점에서 바라볼 기회를 제공하고 있기도 하다. 이런 상황에서 국내에도 머지않아 사회적 가치 실현을 위한 부동산 편집매장이 생기길 희망한다.

15

디앤디파트먼트

D&DEPARTMENT

혹시 컨테이너에 들어가 본 적이 있는가? 투박한 직사각형 모양의 쇠로 만든 박스로, 수송용이 아닌 이상 보통 건설 현장이나 농업 부지에서 많이 쓰이기 때문에 도심에서 자주 보기는 힘들다. 그러나 2015년 서울 건대입구역 인근에 컨테이너로 만들어진 색다른 쇼핑몰이 등장했다. 총 200개의 컨테이너로 구성된 쇼핑몰 '커먼그라운드'는 독특한 발상으로 상식을 깨 주목받았다. 사실 컨테이너를 활용해 상업공간을 만든 사례는 이전에도 있었다. 2009년 총 28개의 컨테이너로 구성된 '플래툰 쿤스트할레'가 국내 최초로 이런 형태의 건축물을 강남에서 선보였다. 그 이래로 여러 지역에서 소규모 컨테이너 건축물들이 하나씩 공개된 것이다. 하지만 대규모 상업시설로 개장한 것은 커먼그라운드✦가 처음이었다. 사물의 원래 용도를 바꿔 새로운 부가가치를 창출하는 비즈니스는 이렇게 산업의 한 축을 당당하게 차지하는 모델이 되고 있다.

그리고 지금 소개할 이 브랜드 또한 같은 맥락에서 출발했다. 언뜻 보면 재활용품 매장으로 볼 수 있지만, 단순히 재활용품을 매입·판매하는 곳이 아니라 '올바른 디자인'을 주요 가치로 삼고, 이유 있는 가격으로 제품을 판매하는 새로운 형태의 재활용품 매장이다. 국내에서도 서울 이태원의 서울점과 매장과 식당, 호텔이 함께 갖춰진 제주점을 개장한 '디앤디파트먼트D&DEPARTMENT'가 그 주인공이다.

디앤디파트먼트는 2000년 일본 도쿄에서 처음 시작했다. 그래픽 디자이너로 활동하던 창업자 나가오카 겐메이는 일본의 버블경제가 꺼지고 난 1990년대 후반, 재활용품점이 급증하고 있음에도 오히려 물건 하나하나를 오래 사용하고 대를 이어 물려주는 일이 사라졌다는 것을 깨닫게 됐다. 이를 개선하기 위해

✦ 커먼그라운드는 국내 최대 컨테이너 팝업 쇼핑몰이자, 다양한 형태의 공연 및 행사 대관이 가능한 복합 공간이다. 코오롱인더스트리FnC 부문에서 운영하고 있다.

자신이 직접 재활용품점을 돌아다니면서 재미있는 디자인을 보여주거나 여전히 쓸 만한 가치가 있는 제품을 선별해 전시하기 시작했다. 웹사이트를 열어 직접 선별한 제품에 설명을 덧붙여 게재하던 그는 주말마다 자신의 집을 개방해 찾아오는 손님들을 상대로 제품을 판매했다.

찾아오는 손님들과 재활용품에 관한 이야기를 주고받던 나가오카는 '물건을 쉽게 버리지 않고, 좀 더 애정을 가지고 다룰 방법'을 제안하고자 결심했다. '롱 라이프 디자인', 즉 오래 사용할 수 있는 좋은 디자인의 제품만 골라 직접 매장을 차리기로 하고 디앤디파트먼트라는 이름을 붙였다. 좋은 디자인을 통해 무분별한 상품 생산의 문제점을 제기하고 사회적 문제를 해결하기 위해 노력하는 백화점이라는 의미를 담은 명칭이다. 현재는 일본을 넘어 한국과 중국 등에 총 11개의 지점을 운영하는 한편, 재활용품뿐만 아니라 주방, 가구, 인테리어 등 다양한 분야의 제품도 함께 다루고 있으며 호텔과 식당 사업까지 확장한 상태다.

언뜻 보면 재활용품점에 불과한데 호텔과 식당 사업을 병행한다는 점이 놀랍고도 재미있다. 이것이 가능한 이유가 무엇일까? 여기에도 바로 롱 라이프 디자인이라는 핵심 가치가 담겨 있다. 유행에 좌우되지 않는, 수명이 긴 디자인을 지향하기 때문에 단순히 좋은 디자인이나 매입가격이 저렴해서 이윤을 많이 남기는 제품에 연연하지 않는다. 디앤디파트먼트는 고객이 롱 라이프 디자인의 개념을 이해했다고 해도, 이를 지속적으로 학습하고 생활의 습관으로 실천시킬 수 있도록 재활용품을 중심으로 다양한 경험경제의 효과를 창출하고 있다. 가령 호텔의 경우엔 재활용품으로 방을 꾸며 숙박하는 사람들이 재활용품도 여전히 쓰임새가 있다고 자연스럽게 느낄 수 있도록 유도하는 식이다.

이러한 그들의 생각은 재활용품 진열 방식에서도 뚜렷하게 보인다. 단순히 멋져 보이기만 할 뿐 일상생활과 동떨어지게 연출된 진열은 하지 않는다. 재활용품과 병행해 판매하는 신제품들 역시 판매의 기준이 있어서 그 물건이 고객의 일상에서 어떻게 사용되는지를 깨닫게 하는 연출을 한다. 신제품들도 일본의 각 지자체에서 생산되는 제품 중 롱 라이프 디자인의 가치를 지닌 것들만 선별해 사람들에게 제안한다.

그리고 디자인의 관점에서 관광 안내를 할 수 있는 가게를 만든다는 명분으로 2009년부터는 아예 〈d 디자인 트레블 d design travel〉이라는 잡지를 창간해 현재까지 이어오고 있다. 1년에 3곳의 지역을 취재하고 각각을 하나의 책으로 만들어 지역의 전통과 개성, 매력 등을 전역에 전파하는 것이다. 나아가 여행 프로그램까지 만들어 지속적인 디자인의 가치를 알리고, 이를 통해 사회적 가치를 함양하며 보다 나은 미래로 이어갈 기회를 열어 가는 중이다.

여기엔 매우 중요한 요소가 자리 잡고 있다. 바로 브랜드의 생명력이자 브랜드가 영속적으로 나아가기 위해 필수 불가결한 요소, 바로 판매자 중심이 아니라 '고객 중심'으로 모든 비즈니스를 수행하고 있다는 사실이다. 디앤디파트먼트는 비록 손님을 왕으로 인식하는 것은 아니지만 자신들의 활동을 통해 고객과 함께 상황을 변화시키면서 올바른 생활이란 무엇인지, 좀 더 이상적인 세상은 무엇인지에 대한 정답을 만들고 공유하며 성장하고 있다.

비즈니스가 제품 판매에만 머물지 않고 더욱 '리싱크Re-think', 즉 다시 생각하게 만드는 것. 이들은 세상에 이러한 사상을 메시지로 던지고 있다. 그런 의미에서 디앤디파트먼트는 흔한 친환경적 브랜드를 넘어 공감을 통해 함께 성장하는 커뮤니티 브랜드로 바라봐야 할 것이다.

8장

브랜드 프레임 ⑥

혁신가

THIS IS
BRANDING

혁신가 Innovator

명확한 브랜드의 본질을 바탕으로

브랜드 스스로 차이를 만들어낼 수 있는

능력을 만드는 브랜드 프레임

16

스타벅스
STARBUCKS

외근을 마치고 사무실로 돌아오는 길에 커피전문점에 들른다. 스마트폰 앱을 통해 현재 위치에서 가장 가까운 매장을 찾으면 앱이 내비게이션 역할까지 수행해 길 안내를 해준다. 동시에 즐겨 마시는 커피도 미리 충전된 코인으로 자동 결제해 주문할 수 있다. 매장에 도착하면 커피를 받은 뒤 커피전문점에서 제공하는 블록체인을 활용해 거래처에 돈을 보내는 등 은행 업무도 볼 수 있다. 이 신통방통한 앱으로 가족이 보낸 메시지도 확인할 수 있다. 내용은 진행 중인 이벤트 상품을 대신 받아오라는 부탁이었다. 매장 내 키오스크를 통해 상품을 받은 뒤 매장 문을 나선다.

이러한 일은 아직 상상 속의 미래에서나 가능하다. 하지만 앱 하나로 커피 주문은 물론 금융 및 결제, 길 안내, 메시지 송수신까지 가능해지는 미래에 가장 가까이 다가서 있는 기업이 있다. 우리에게 친숙한 '스타벅스'다. 이들이 꿈꾸는 미래는 단순히 커피전문점의 모습이 아닌 듯하다. 스타벅스는 2009년 모바일 앱을 출시하면서 일찌감치 앱을 통한 결제 서비스를 도입했다. 2015년엔 매장을 방문하지 않더라도 모바일로 주문과 결제가 가능한 '사이렌 오더' 서비스를 시작했다. 미국에서는 스타벅스 앱으로 결제해 본 사용자가 2,000만 명을 넘어섰는데 전체 고객의 40%에 달하는 수치다. 스타벅스 충전 카드 적립금 총액은 미국에서만 12억 달러(약 1조 4,200억 원·2016년 1분기 기준)에 달했다. 거대 IT 기업인 구글이나 애플이 내놓은 결제방식보다 더 많이 사용되는 간편 결제 수단으로 자리 잡았을 정도다.

스타벅스는 2018년 새로운 사업을 개시했다. 아르헨티나 은행인 방코 갈리시아와 함께 '스타벅스 커피 은행'을 연 것이다. 아르헨티나 중앙은행에서 금융 규정을 개정하면서 스타벅스에 은행으로 확장하는 길이 열렸다. 국내에도 은행이 매장을 카페와 같은 분위기로 꾸며 운영하는 사례가 있었지만 반대로 커피전문점이 은행으로 변신한 모델은 처음이다. 또한 비대면 거래가 활성화되고 다양한 핀테크 수단이 자리 잡게 되면 이를 기반으로 대출, 보험, 유가증권 거래 등 새로운 수익원도 창출할 수 있을 것으로 보인다. 결과적으로 스타벅스가 기존 은행들과 차별화되고 개선된 형태의 새로운 금융업 모델을 만들 수도 있다는 뜻이다.

이와 같은 스타벅스의 행보는 단지 트렌드에 맞춰 발 빠르게 대응한 결과물이 아니다. 이들은 이미 10년 전부터 디지털 혁신에 집중해 왔다. 새로운 기술이 등장하면서 고객과의 커뮤니케이션 접점을 늘리기 위해 새로운 접근 방법, 즉 '디지털 트랜스포메이션'을 시작했다. 앞서 미래로 향했던 타임머신을 이번에는 과거로 돌려 2008년으로 가보자.

2008년 2월 26일, 미국 전역 약 7,100개의 스타벅스 매장이 하루 동안 문을 닫았다. 한국을 포함한 아시아 일부 매장도 하루 폐점에 동참했다. 매장 앞에는 한 장의 안내문이 붙어 있었다. "우리는 최상의 에스프레소 한 잔을 선사하기 위해 잠시 시간을 갖고자 합니다. 훌륭한 에스프레소는 숙련된 기술을 필요로 합니다. 우리는 그 기술을 연마하는 데 전념하고자 합니다."

이러한 조치는 스타벅스의 성공을 이끈 하워드 슐츠Howard Schultz가 다시 최고경영자로 복귀하면서 내린 결정이었다. 8년 만에 일선에 복귀한 그는 성장에 집착한 나머지 스타벅스 고유의 특성, 즉 사람을 감동시키는 정신이 소멸하고 있다고 판단했다. 당시는 맥도날드가 맥카페를 통해 저가 커피 시장을 공략하고 나설 때였고, 서브프라임 모기지 사태가 야기한 금융 위기가 전 세계를 뒤흔들던 시기였다.

슐츠는 7개의 혁신 의제를 발표하면서 고객과의 정서적 애착을 위한 명확한 목표를 수립했다. 구매 횟수에 따라 등급을 나누고 고객의 등급이 높아질수록 더 많은 보상을 받는 리워드 프로그램을 개발하자, 최고 등급인 골드 레벨이 되기 위해 많은 사람이 스타벅스를 찾았다. 뿐만 아니라 디지털 기술 지향 전략을 개발하는 데도 착수했다. 기술 혁신이야말로 브랜드를 강화하고 매장관리의 효율성을 개선해 수익성과 경쟁우위를 확보할 수 있다는 생각 때문이었다. 모바일 결제와 전자상거래처럼 디지털 경험을 강화하는 방안을 추진하는 한편 글로벌 기술전략을 수립하고 IT 운영 업무를 개선하는 등 지속적인 디지털 혁신도 이어졌다.

스타벅스의 디지털 혁신은 주문, 결제, 보상을 개인화하는 '디지털 플라이휠Digital Flywheel' 전략을 통해 고객마다 최적화된 서비스를 받게 하는 데 집중됐다. 매주 9,000만 건씩 발생하는 거래 데이터를 통해 고객이 어떤 커피를 언제 어디서 마시는지 확인하고, 날씨, 위치 등의 상황별 데이터와 조합해 새로운 흐름과 동향을 찾아낸다. 2014년부터 스타벅스 앱으로 음료를 선택해 결제하면 매장으로 주문이 자동 전송되는 사이렌 오더 서비스를 실시한 이들은 고객이 매장 밖에 있을 때도 가장 가까운 매장을 선택할 수 있게 했다. 미리 등록된 차량이 드라이브 스루 매장에서 주문 시 매장 직원이 결제 단말기를 통해 고객의 이전 구매 이력을 볼 수 있게 하거나, 자사 매장 입지를 선정하는 데 필요한 앱을 개발해 활용하는 등 다양한 디지털 자산을 구축하기도 했다.

2021년 5월 국내에서 스타벅스의 적립 프로그램인 'e-프리퀀시' 이벤트를 통해 소형 캐리어 가방(레디백)을 주축으로 사은품 증정 행사를 했다. 일정 기간 안에 음료를 총 17잔 구매하면 사은품으로 교환할 수 있는 행사였다. 이때 서울 여의도의 매장에서 한 고객이 커피 300잔을 결제한 뒤 커피는 한 잔만 가져가고 사은품 가방 17개를 가져가는 일이 알려져 화제가 된 적이 있다. 일각에서는 과소비를 조장하는 지나친 경품 지급 행사였다는 비판도 나왔다. 그러나 역설적으로 이렇게 이벤트가 눈길을 끈 것 자체가 스타벅스의 디지털 전환 전략이 성공적으로 이뤄지고 있음을 보여준 사례이기도 했다.

하워드 슐츠가 디지털 기술 혁신을 단행하며 내건 취지는 고객과의 관계를 개선하기 위해 커피에 대한 가장 기본적인 신념을 지킨다는 것이었다. 그 취지가 유지되고 있는지와는 별개로 어쨌든 지금 스타벅스는 커피전문점을 넘어 최고 수준의 디지털 회사로 변모했다. 최근 마이크로소프트 등의 기업과 함께 암호화폐 거래소에 합작 투자하면서 스타벅스 앱 기반으로 암호화폐 결제 서비스를 시험한 것만 봐도 그렇다. 가까운 미래에 우리는 스타벅스 앱을 통해 전 세계 어디에서도 환전 없이 스타벅스를 이용하고, 어느 매장에서든 동일한 경험을 누릴 수 있을지 모른다. 그 기대감이 디지털 혁신에 앞선 스타벅스를 더욱 앞서나가는 브랜드로 이끈 힘이다.

17

교토

KYOTO

서울시는 도시 브랜딩을 위한 상징적인 건축물을 세우기 위해 옛 동대문운동장 부지에 약 4,800억 원을 들여 동대문디자인플라자DDP를 개장했다. 건축계의 아카데미상으로 통하는 '프리츠커 건축상'을 수상한 최초의 여성 건축가 자하 하디드Zaha Hadid가 설계를 맡아 세간의 화제가 된 바 있다. 당시 동대문운동장 부지는 서울에서도 대표적으로 낙후된 도심 상권이었다. 오랜 역사와 전통을 자랑하던 곳이었지만, 공간 대부분이 주차장과 벼룩시장 등으로만 활용되었고, 의류 도소매 업체들이 밀집되어 있던 인근의 종합 쇼핑몰도 점차 사람들의 발걸음이 줄어든 상태였다.

2007년 철거를 시작해 2014년 정식으로 문을 연 DDP는 불과 3주 만에 100만 명이 넘는 관람객을 모았다. 시간이 지나자 하루 평균 4만 명 이상의 인원이 찾는 명소로 거듭났으며 인근 도매시장 건물이 재개장하고 특급호텔과 레스토랑 등도 영업을 시작하면서 노쇠한 상권은 점차 부활의 조짐을 보였다. 이후 서울시는 '아이 서울 유I·SEOUL·U'라는 브랜드 슬로건을 기반으로 서울의 진면목을 알리고 도시 기능을 회복하기 위해 다양한 도시재생을 비롯한 개발 사업을 계속해 왔다.

그런데 눈을 감고 서울의 이미지를 떠올려 보자. DDP가 먼저 떠오르는가? DDP를 포함해 다양한 건축물과 역사적인 명소, 관광객들의 호기심 가득한 모습이 자연스럽게 연출되는가? 물론 DDP는 기술의 진보를 바탕으로 한 시대적 유산이자 디자인의 새로운 표준을 제시했다는 의미가 있다. 하지만 과거의 '하이 서울', '소울 오브 아시아', 가장 최신의 '아이 서울 유' 같은 슬로건이 그랬듯 DDP 건물 하나가 사람들의 머릿속에 식별 가능한 지표를 심었다고 보기엔 의문도 많이 남는다.

서울은 오랜 시간을 거친 수도이자 역사적인 도시지만, 현대에 들어 전쟁으로 부침을 겪었다. 빠른 속도로 현대화되면서 세계가 주목하는 메트로폴리스로 손꼽히게 됐으나, 도시 브랜드로서의 정체성과 품격은 여전히 더 발전할 여지가 남아 있다고 볼 수 있다. 그렇다면 오늘날 전 세계의 도시 중 도시 브랜딩이 가장 완벽하게 구축된 곳은 어디일까? 여러 후보를 떠올릴 수 있지만 내게 상징적인 한 곳만 꼽으라면 단연 일본의 교토京都를 꼽겠다.

교토시의 인구는 150만 명 안팎으로 일본에서 7번째로 인구가 많다. 한국의 시각을 그대로 옮긴다면 대도시이긴 해도 '일개 지방 도시'라 볼 수도 있다. 규모로 보면 도쿄나 오사카, 나고야 등 더 큰 도시도 많다. 그런데도 굳이 교토를 고른 이유가 있다. 먼저 역사적인 가치에 더해 혁신적인 이미지까지 선점한 결과 사람들의 뇌리에 도시 이미지를 깊게 각인시키는 데 성공했기 때문이다. 그리고 자신들의 자부심과 정체성이 만들어내는 의외성 역시 한몫한다.

교토는 오랜 역사를 자랑하는 유서 깊은 도시다. 794년 간무 일왕이 세력이 커진 귀족과 불교 세력들을 피하기 위해 나라奈良에서 천도한 이후, 1869년 당시 메이지 정부가 지금의 도쿄인 에도를 도읍지로 지정하기까지 천수를 누렸다. 오랜 역사와 도시에 대한 자긍심 덕에 여전히 일본인의 정신적 수도로 불린다. 또 일왕 즉위식에 사용되는 전용 의자인 다카미쿠라가 여전히 교토에 있고 공식적으로 도쿄를 수도라고 선언한 일이 없기 때문에 일부 교토 토박이들은 그들의 도시를 수도라고 생각하기도 한다.

이유가 무엇이든 교토는 그 명맥을 잘 이어오고 있다. 매년 5,300만 명의 관광객들이 17개의 세계문화유산과 50여 개의 일본 국보, 300여 개의 중요 문화자산을 보기 위해 교토를 방문한다. 하지만 단순히 관광도시의 명성만으로 교토를 설명하긴 어렵다. 노벨문학상을 받은 일본의 문호 가와바타 야스나리가 소설《고도》에서 "천년의 고도가 서양의 새로운 것을 가장 빨리 끌어들였다"라고 설명하듯, 실제로 교토는 언제나 새로운 기상이 넘치는 신도시의 면모도 갖추고 있기 때문이다.

일본 최초의 근대적 초등학교인 릿세이 소학교가 1869년에, 일본 최초의 수력 발전 사업은 1891년에, 일본 최초의 시가지 열차는 1895년에 교토에서 시작되었다. 또한 일본 최초의 영화 상영을 비롯해 다양한 사회·경제·문화적 시초가 이 도시에 기원을 두고 있다. 이러한 그들의 움직임은 도쿄로 천도한 이래 도시의 명성이 떨어질지도 모른다는 위기감에서 비롯되었다. 수도의 지위는 잃었지만, 여전히 일본 최고 도시라는 자존심과 그에 상응하는 면모를 보여주려 한 것이다. 그 결과 식산흥업, 즉 생산을 늘리고 산업을 일으키는 정책을 시행해 결국 선도성을 지닌 도시 이미지 각인에 성공했다.

이런 선도성은 교토에 체화된 특유의 반골 정신과 결합해 의외의 모습을 보여준다. 교토는 보수적인 도시 이미지와는 상반

되게도 일본 공산당의 지지기반이 오랜 기간 유지되고 있는 대표적인 지역이다. 이러한 성향은 이른바 전국구 대기업은 드물지만, 세계적으로 유명한 강소기업이 일본 내에서 가장 많이 모여 있다는, 중소기업 기반 경제가 탄탄하다는 점과도 연결된다. 특히 교토에 자리 잡은 기업들은 '잃어버린 10년'이라 불리는 일본의 장기 불황 속에서도 소위 교토식 경영을 기반으로 세를 확장해 현재는 세계에서도 선도적인 첨단기업으로 이름 높다.

'경영의 신'이라 불린 이나모리 가즈오가 회장을 역임했던 기업 교세라(교토+세라믹에서 이름을 따왔다), 포켓몬GO로 다시금 선풍적인 인기를 구가했던 게임회사 닌텐도는 국내에서도 유명하다. 뿐만 아니라 잘 알려져 있진 않지만, 음향용 전자부품 세계 1위 기업인 니치콘이나 가정용 혈압계 분야에서 세계 최고 시장점유율을 확보하고 있는 오므론, 2015년 미국 환경보호국이 폭스바겐의 배기가스 조작사건을 밝히는 데 썼던 계측 시스템을 제작한 호리바제작소 등이 모두 교토에 본사를 두고 있다.

사실 교토는 규제와 제약의 도시라 불릴 정도로 기업들이 활동하는 데 불편한 점이 많다. 고고학적으로 중요한 유적이 최근에도 발굴되고 있고, 시 경관을 보호하려는 규제도 강해 건물의 높이와 용적률 등에 엄격한 제한을 두고 있다. 그럼에도 교토에 기반을 두고 있는 강소기업들은 여전히 교토를 떠나지 않고 있다. 왜일까? 노벨상 수상의 메카인 교토대학을 비롯해 여러 대학이 포진되어 있어 인력을 쉽게 확보할 수 있어서일까? 아니면 교토의 지역 인지도가 높아 물건을 판매할 때 효과적이라서 그런 것일까?

분명한 것은 교토 사람들의 자부심과 반골 정신이 시너지 효과를 냈다는 점이다. 자신들만의 독창적인 기술과 정체성을 고집하는 동시에 도쿄의 대기업을 능가하고자 끈질기게 노력한 결과로 볼 수 있다. 이러한 의외성이 단적으로 드러난 예가 학사 출신의 민간연구원 다나카 고이치의 2002년 노벨화학상 수상이다. 그가 속한 시마즈제작소가 회사 차원에서 연구개발의 폭과 깊이에 제한을 두지 않고 장려한 결과다.

비단 기업뿐 아니라 오래된 가게와 새로운 가게들 모두 교토다움을 뽐내며 자기네 도시의 미래를 책임지는 셰르파의 역할을 분담한다. 오래된 역사와 혁신적 마인드, 선도성과 의외성이 적절한 균형을 갖춘 모습이 바로 교토의 도시 브랜드를 세계에서 손꼽히게 만들어낸 결정적 요인일 것이다.

18

다케오 시립 도서관

TAKEO CITY LIBRARY

국내 IT 기업 NHN의 일본 법인의 최고 경영자로, 일본에서 '라인' 메신저의 성공 신화를 쓴 모리카와 아키라가 그보다 앞서 소니SONY에 입사했을 때 일이다. 그는 텔레비전에 인터넷을 연결해 새로운 서비스를 구축하는 임무를 맡았다. 하지만 TV사업부의 기술자들이 "텔레비전은 인터넷과 연결하는 기기가 아니다"라며 반대해 그의 제안은 물거품이 되었다. 그가 쓴 책《심플을 생각한다シンプルに考え》를 보면 텔레비전의 본질은 '멀리 떨어진 곳에 영상을 전달하는 기술'에 있음에도, 소니 기술자들은 수단에 불과했던 전파를 텔레비전의 본질로 오인해 버렸다. 본질에서 벗어난 노력을 시작한 결과가 소니의 몰락으로 이어졌다고 해도 과언은 아니다.

이 이야기는 브랜드가 성공하려면 본질이 중요하다는 점을 시사한다. 기업은 브랜드 본질을 논리적으로 검증하고 기업 활동의 목적과 대의를 찾아 '자기다움'을 만들어야 한다. 특히 오늘날 수많은 제품과 서비스, 상업적인 메시지와 광고가 넘쳐나는 상황에서 이 과정은 더욱 중요해지고 있다. 선택의 폭이 지나치게 넓어진 나머지 고객들은 혼란에 빠져 스스로 머릿속에 심리적인 장벽을 구축하기 때문이다. 기업으로서는 이 장벽을 뚫고 고객을 즐겁게 해야 더 오랫동안 더 높은 가격에 더 많은 제품을 사게끔 만들 수 있다. 그러려면 브랜드의 중심에 확고한 본질이 서 있어야 한다.

브랜드의 핵심적인 부분이라 서두가 다소 길었다. 바야흐로 브랜드의 본질이 더욱 중요해지는 시대가 왔다. 비단 상업적인 분야에만 국한되는 이야기가 아니다. 브랜드는 국가와 정부, 정당, 지방자치단체는 물론 스포츠, 문화, 예술 등 거의 전 분야를 걸쳐 점차 더 중요한 역할을 하고 있다. 명확한 본질을 바탕으로 브랜드를 구축해야 스스로 차이를 만들어낼 수 있다. 제품과 서비스만으로 이는 차별화하기가 쉽지 않은 공공 서비스 영역도 마찬가지다. 그래서 이번에는 '다케오 시립 도서관'을 소개한다. 도서관의 본질을 제대로 꿰뚫고 브랜드를 구축한 아주 훌륭한 사례이기 때문이다.

다케오 시립 도서관은 일본 사가현 다케오시에 있다. 다케오시는 인구가 약 5만 명에 불과한 전형적인 소도시다. 고령화율이 일본 도시 평균을 웃돌고, 전체 면적의 23%는 논밭이라 농업이 주요 산업이다. 1,300여 년의 역사를 지닌 온천 도시지만 매년 발표되는 '일본 온천관광 100선'에도 들지 못한다. 한마디로 전혀 눈에 띄지 않는 평범한 소도시에 불과하다.

그러나 다케오 시립 도서관만은 예외다. 소도시 도서관이지만 '한 번은 꼭 가봐야 할 이색 도서관'이라는 입소문이 나면서 연간 이용객이 100만 명에 육박한다. 이 가운데 40만 명은 다른 지역에서 온다. 이미 일본에서는 가장 성공적인 도서관의 모범 사례로 손꼽히고 있고, 한국을 비롯한 각국의 매체에서도 집중 조명했다. 이들의 인기 비결은 과연 무엇일까?

다케오 시립 도서관은 2013년 4월 다케오시가 일본 최대 규모의 서점·DVD 대여점 프랜차이즈 브랜드 '츠타야'를 운영하는 CCC와 함께 기존 시립 도서관을 새롭게 꾸미면서 재개장했다. CCC는 이미 도쿄에 서점의 새로운 모델인 '츠타야 티사이트'를 성공적으로 운영한 경험을 바탕으로 다케오시로부터 위탁 운영을 맡았다. CCC는 기대에 부응했다. 도서와 각종 자료를 보관하고 일반 시민에게 대출해 주는 종래의 도서관에서 벗어나 서점과 도서관, 카페 등이 융합된 '멀티 패키지 스토어' 형태를 적용했다. 사람들이 커피를 마시면서 책도 읽고, 공부도 하며 사람들을 만나 자유롭게 대화할 수 있는 커뮤니티 창출을 목표로 한 것이다.

변화는 획기적이었다. 넓은 관장실을 뜯어내고 잡지 판매 코너와 DVD 대여점을 설치했다. 판매용 책과 대여용 책을 서로 다른 색깔의 패널로 구분했고, 독자적으로 개발한 분류법으로 장서 20만 권을 재분류하고 서고를 없애 누구나 자유롭게 열람할 수 있도록 했다. 유명 커뮤니케이션 디자이너가 내부 그래픽 연출을 맡아 분위기도 바꿨다. 글로벌 커피 프랜차이즈인 스타벅스를 입점시켜 카페와 식사 공간도 마련했다.

운영 방법도 전면 개편되었다. 자국에서 5,000만 명 이상의 회원 수를 보유한 츠타야 T포인트 카드를 이용해 대출과 결제를 가능하게 만들었다. 이전까지는 공무원 퇴근 시간에 맞춰 오후 6시가 되면 문을 닫았지만, 현재는 밤 9시까지 운영하고 연간 70일에 달했던 휴관일도 없애 365일 운영한다. 새로운 관리 방침에 따라 도서관 운영비용도 절감했다. 연간 1억 2,000만 엔의 운영비 중 약 1,000만 엔을 줄였다.

반응은 도서관 이용객 수가 늘어난 점을 보면 뚜렷하게 나타난다. 재개장 이후 일일 평균 방문자 수는 전년 대비 4배인 2,900명으로 급증했고, 대출 내역도 하루 평균 1,644건으로 2배

늘었다. 무엇보다 도서관 회원의 60%를 시외 거주자가 차지했다. 도서 대출 역시 외부에서 찾아오는 관광객이 빌려 가는 비율이 43%에 이를 정도다. 그래서 주변 음식점은 덩달아 매출이 20% 이상 늘었고, 숙박 시설은 예약률이 2배로 뛰었다. 이러한 성공사례는 일본 각 지자체에 영향을 미쳐 도서관을 변신시키는 바람을 불러일으켰다. 2015년 1월 가나가와현 에비나시와 2016년 3월 미야기현 다가조시에 각각 두 번째, 세 번째 도서관이 탄생했다.

이러한 도서관의 변신을 두고 '본질'이 변형됐다며 우려하는 목소리도 없지는 않았다. 도서관은 관광시설이 아니라 지역민들이 가치를 학습하고 문화를 육성하는 공공 사회교육 시설이라는 지적이었다. 공공도서관의 의미를 상기하다 보면 자연스럽게 나올 수 있는 문제 제기였다.

그러나 나는 다케오 시립 도서관이야말로 도서관의 본질에 가장 충실히 접근하고 있다고 생각한다. 공공장소의 본질이란 과연 무엇일까? 그 지역 주민들만을 대상으로 삼아야 할까. 도서관이라고 해서 반드시 도서 대출과 보관만 해야 할까. 다케오 시립 도서관은 그 질문에 대한 답을 찾기 위해 사람들을 끌어들일 수 있는 새로운 이야기를 만들었다. 그곳에 가면 여유롭게 쉴 수 있고, 몸과 마음에 활기가 차오르며 좋은 사람들도 만날 수 있는 공간을 조성했다. 도서관의 본질을 시민 중심으로 새롭게 재조정하며 장소의 개념 자체를 바꾼 것이다. 그 자체로 혁신이 아닌가.

9장

브랜드 프레임 ⑦

엔지니어

THIS IS
BRANDING

엔지니어 Engineer

제품의 기능적 디자인(성능)과

장식적 디자인(외관)의

실현으로 최고의 제품 경험을 제공하는

브랜드 프레임

19

앵글포이즈

ANGLEPOISE

예전에 한 빈티지 상점에 들른 적이 있다. 많은 물건 중에 유독 낡은 조명 스탠드 하나가 눈에 띄었다. 전기 플러그가 깨져 있는게 좀 아쉬웠지만, 국내에서 쉽게 구할 수 없는 제품이었다. 굿 디자인good design이란 생각에 주저하지 않고 값을 치렀다. 그 스탠드는 1970년대에 생산된 '앵글포이즈Anglepoise' 제품으로, 내가 오랫동안 사고 싶어 했던 것이기 때문이다. 앵글포이즈라는 브랜드 이름만 들으면 생소하게 느껴질 수 있다. 그러나 당신은 이미 이 스탠드를 본 적이 있다. 어쩌면 꽤 많이. 바로 애니메이션 스튜디오 '픽사'의 영화 도입부에 나오는 로고 속 스탠드의 원형이 바로 이 브랜드의 제품이기 때문이다. 설명을 하니 그 모습이 쉽게 그려지지 않는가?

그런데 먼저 브랜드의 평판을 좌우하는 대표적 요소 가운데 하나인 디자인, 그중에서도 '굿 디자인'이란 무엇인지부터 짚고 가보자.

여기서 내가 말한 굿 디자인이란 용어는 최고의 브랜딩 디자인 전문가 미즈노 마나부가 자신의 저서 《'팔다'에서 '팔리다'로》에서 제안한 것이다. 그는 책에서 브랜드란 보이는 방식을 컨트롤하는 것이라고 말한다. 세상에 보여지는 모든 것을 기업에 이상적인 상태가 되도록 컨트롤한다는 뜻이다. 보이는 방식을 제대로 컨트롤할 수 있으면 브랜드가 보여주고 싶은 이미지와 제품에 대한 창의성이 고객에게 확실히 전해질 수 있다.

결국 굿 디자인이란 우수한 기술력을 구현하기 위한 목적의 '성능 디자인'과 이를 돋보이게끔 만드는 차별화된 제품의 '장식 디자인'을 통틀어 일컫는 말이다. 고객은 뛰어난 성능을 미려한 디자인으로 실현하는 굿 디자인 제품을 구매할 때는 물론이고 실생활에서 사용할 때 무형의 만족감 또한 느낄 수 있다. 두고두고 볼 때마다 흐뭇한 기쁨을 준다는 점이 굿 디자인 제품의 가치다.

좀 더 직관적인 예로 강력한 흡입력으로 유명한 '다이슨dyson'의 진공청소기가 있다. 강한 원심력을 이용해 먼지와 공기를 분리하는 사이클론 기술을 적용한 이 청소기는 다이슨의 창업자이자 수석 엔지니어인 제임스 다이슨이 무려 5,127개의 시제품을 생산한 끝에 개발됐다. 그는 여러 기업에 자신의 아이디어를 제안했지만 거절당하자 스스로 창업하기로 했고, 제품은 출시된 지 18개월 만에 영국 청소기 시장 1위를 달성하며 히트 상품으로 등극했다.

이 신제품이 히트할 수 있었던 이유는 2가지다. 다이슨의 청소기는 사이클론 기술이 제 성능을 발휘할 수 있는 구조로 성능 디자인에 심혈을 기울인 결과 먼지봉투를 없앨 수 있었다. 또 이 성능을 고객들이 직접 눈으로 보고 향상된 청소 능력을 체감할 수 있도록 먼지와 공기가 분리되는 부분을 투명하게 만든 장식 디자인으로 차별화에 성공했다.

그런 의미에서 들여다보면 앵글포이즈의 역사도 굿 디자인을 실현하기 위한 노력으로 점철돼 있다. 1931년 영국의 자동차 엔지니어였던 조지 카워다인은 부친이 개발한 스프링과 크랭크, 레버를 사용해 무게 균형에 대한 이론적 개념을 정립했다. 1년 뒤 그는 이 이론을 기반으로 차량 서스펜션을 개발하던 도중 사람의 팔처럼 각도를 쉽게 조절할 수 있는 새로운 개념의 조명 스탠드를 고안했다. 그는 금속 스프링 제조사인 허버트 테리에서 출시된 스프링을 활용한 스탠드를 개발했고, 특허를 취득해 대량 생산 체제를 구축했다.

앵글포이즈의 성능 디자인에서는 스프링이 핵심 역할을 한다. 최초 모델인 '1208'은 4개의 스프링이 가벼운 압력만으로 램프의 위치를 조정하고 유지하는 기능을 수행했다. 한 손가락 힘만으로도 조명을 위로 끌어올리거나 아래로 내릴 수 있게 부드럽게 작동했다. 이전에도 이와 유사한 제품은 있었지만 앵글포이즈는 장력이 뛰어난 스프링을 사용한 게 독보적이었다. 또 60와트짜리 텅스텐 전구는 수직이든 수평이든 원하는 지점에 정확한 각도로 빛을 밝혀줄 수 있었다.

이후 앵글포이즈는 1935년 1,227개의 시제품 생산 테스트를 거쳐 3개의 스프링만으로 구성된 스탠드를 새롭게 출시했다. 지금까지도 동일한 디자인으로 생산하고 있는 '1227' 모델이다. 영국 내수시장을 겨냥해 개발한 이 제품은 오랜 기간 스테디셀러로 자리 잡았고, 2009년에는 영국 우정국이 선정한 '영국을 대표하는 10대 디자인' 중 하나로 펭귄북스 표지, 이층 버스 등과 함께 뽑혀 기념 우표가 발행되기도 했다.

사실 초기 앵글포이즈의 제품은 공학적이고 실용적인 성능을 지니고는 있었지만, 장식 디자인 면에서는 완벽하다고 볼 수는 없었다. 계단식 형태로 만들어진 무거운 받침대는 투박했고, 뼈대처럼 보이는 움직이는 스프링 암은 수수하게 보였다. 또한 초기엔 공장 등 산업현장에서 쓰일 것을 염두에 두고 전선을 직물로 엮어 밖으로 노출했다. 스위치도 시중에 나와 있던 기성품을 사용해 다른 부품과 이질적이라 전반적으로 조잡한 느낌마저 들었다. 그런데 산업용으로 나온 스탠드가 에너지 절약형이고 다각도로 조절이 가능하다는 점 때문에 가정에서 더 활발히 쓰이게 되는 예상치 못한 결과가 나왔다.

앵글포이즈가 나오기 전까지만 해도 스프링의 장력을 활용해 자유자재로 위치를 조정하고 유지하는 '스탠드'라는 개념은 거의 존재하지 않았다. 그러나 앵글포이즈의 스탠드가 세상에 나오고 나서부터는 스프링과 크랭크, 레버의 조화를 바탕으로 작동하는 방식은 필연적으로 받아들여졌다. 디자인 잡지 〈도무스*domus*〉 편집장과 런던 디자인 뮤지엄 관장을 역임한 데얀 수직Deyan Sudjic의 말을 빌리자면 "하나의 제품이 아니라 하나의 범주에 속하는 제품", 즉 당시로선 새로운 형태였음에도 보는 즉시 어떤 용도로 어떻게 작동하는지 한 눈에 알 수 있는 디자인이었다는 점이 앵글포이즈 디자인의 정수였던 셈이다. 이후 출시된 대부분의 스탠드는 이 기술을 직·간접적으로 활용했기에 결과적으로 앵글포이즈는 스탠드라는 하나의 범주를 낳은 시초가 됐다.

한편 앵글포이즈는 모델 '1227'을 출시한 이후 여러 작은 세부적인 설계 사항을 추가하면서 지속적인 개선을 이뤄내고 있다. 2003년엔 영국 고속열차 인터시티 125 등을 디자인한 세계적인 디자이너 케네스 그레인지Kenneth Grange를 디자인 디렉터로 초빙해 새로운 세대를 위한 스탠드를 출시했고, 마거릿 호웰, 폴 스미스 등 유명 패션 디자이너와의 협업을 통해서도 전통적인 기능과 현대적인 미적 감각을 다양하게 접목하고 있다. 기능을 바탕으로 한 디자인, 그리고 디자인을 바탕으로 한 끝없는 진전, 이것이야말로 앵글포이즈가 보여준 디자인의 가치다.

이 글을 쓰기 전 앵글포이즈 스탠드의 스위치를 켜고 조명이 적당한 곳에 놓일 수 있도록 한 손가락으로 위치를 잡았다. 텅스텐 전구는 내가 원하는 정확한 방향에 빛을 겨누었다. 어쩌면 이렇게 글을 쓰기 전 무의식적으로 하는 행동 하나에 의미를 부여할 수 있는 것도 보이는 방식을 제대로 조절해 이상적인 상태가 되도록 컨트롤해 주는 '유형의 굿 디자인 제품이 고객 한 사람 한 사람의 마음에 무형의 만족감마저' 선사하기 때문은 아닐까. 실제 생활에서 기쁨을 주는 도구로서의 가치, 그것을 느낄 수 있었으니 말이다.

20

볼보

VOLVO

독특한 디자인에 탁월한 운전 성능을 지닌 소형차를 들어보라고 하면 가장 먼저 떠오르는 브랜드 중 하나가 '미니MINI'다. 소형차의 대명사 미니는 '작은 차체, 넓은 실내'라는 콘셉트로 1959년 영국의 브리티시 모터 컴퍼니BMC에서 처음 제작됐다. 소형차면서도 1964~1967년 몬테카를로 랠리에서 4회 연속 우승하며 강인한 이미지도 갖추는 등 미니엔 확실히 다른 면이 있었다.

그러나 소형차에 대한 대중적인 수요가 감소하고 경쟁 차량이 속속 등장하면서 미니는 특유의 정체성을 잃어버리기 시작했다. 1994년 모기업 로버그룹이 BMW에 인수된 뒤에도 미니의 브랜드는 계속 유지됐다. 하지만 전통적인 미니 특유의 디자인이 새롭게 개선되기 시작했고, SUV 등 다양한 차종을 추가로 생산하기에 이르렀다. 미니의 개성 있는 정체성을 고스란히 보여준 둥근 헤드라이트, 육각형 모양의 그릴, 타원형의 손잡이 등 상징적인 디자인은 여러 요소가 더해지면서 본래 갖고 있던 무형의 가치를 잃어버렸다. 자신의 강점을 부각시키지 않고 약점을 덮는 데만 급급해 스스로 평범해지고 만 것이다.

반대로 창업 이후 지금까지 줄곧 무형의 가치를 지속적으로 축적해 고객의 충성심으로 보답받은 자동차 브랜드도 있다. 스웨덴에서 시작한 자동차 제조업체 '볼보VOLVO'가 그 주인공이다. 볼보는 안전과 튼튼함의 대명사로 불린다. 특히 자동차 안전에 대한 볼보의 철학은 남다르다. 1927년 설립 당시 창업자 아사르 가브리엘손과 구스타프 라르손이 "볼보에서 만드는 모든 것의 우선 원칙은 항상 안전"이라는 점을 역설한 이래 지금까지 튼튼하고 믿을 수 있는 자동차를 생산하는 것을 목표로 해왔다.

볼보의 안전 철학을 설명하기 위해선 유명한 안전벨트 이야기를 빼놓을 수 없다. 현재 우리가 사용하는 자동차 안전벨트인 '3점식 안전벨트(한 줄로 세 지점을 고정하는 방식)'는 볼보에서 최초로 발명했다. 이전까지는 비행기 안전벨트와 동일한 방식의 '2점식 안전벨트'가 주로 사용되었다. 1959년 당시 볼보의 수석 엔지니어였던 닐스 보린Nils Bohlin은 2점식 안전벨트가 지닌 단점을 보완해 새로 발명한 3점식 안전벨트를 볼보의 PV544 차종에 탑재했다. 기존 2점식에 비해 착용이 불편하다는 지적도 나왔으나 모의 충돌시험을 실시해 탑승자 안전 면에서 더 우수하다는 결과를 공개했다.

발명 이상으로 볼보가 보인 놀라운 행보는, 바로 이 기술을 전 세계 모든 사람이 누릴 수 있도록 자동차 제조사들에 '무상으로' 공개한 것이다. 특허 기술을 다른 자동차 회사에 판매했다면 엄청난 수익을 거뒀을 수도 있었겠지만, 볼보는 정반대의 행보를 보였다. 이유는 간단했다. 자사의 안전에 대한 신념, 즉 언제나 안전이 모든 것에 우선한다는 원칙을 보여주는 것이 더욱 중요했기 때문이다. 이 간단한 안전장치의 개발로 현재까지 목숨을 구한 이들은 100만 명 이상이라는 평가가 나온다. 결과적으로 볼보는 기술만 뛰어난 다른 자동차 제조사들보다 '더 안전한 자동차'를 만드는 브랜드 이미지와 정체성을 동시에 구축할 수 있게 되었다.

볼보의 안전에 대한 노력은 여기에서 그치지 않았다. 1967년 볼보는 세계 최초로 후방 어린이용 시트를 개발했다. 빈번히 일어나는 정면충돌 사고에서 신체에 가해지는 충격을 감당할 수 없는 어린이들을 위해 목을 지지하고 넓은 공간으로 충격을 분산시켜 큰 부상을 막을 수 있게 한 후방형 시트를 개발해 상용

화했다. 또 1978년에는 어린이 안전을 위한 부스터 쿠션을 최초로 개발했고, 지속적인 연구·개발을 거쳐 편리한 기능도 보완했다.

이 밖에도 안전을 향한 고집은 계속됐다. 측면 충격으로부터 탑승자를 보호하는 강한 프레임, 부상이 잦은 목뼈를 보호하는 시스템과 커튼식 에어백, 차량전복 방지 시스템, 사각지대 정보 시스템 등을 개발하는 데 항상 경쟁사들보다 한발 앞서나갔다.

2008년 볼보는 '2020년까지 볼보 차량과 관련한 자동차 사고에서 사상자가 없도록 하겠다'라는 과감한 선언을 했다. 실제로 프리미엄 대형 SUV인 XC90은 16년 동안 영국에서 단 한 건의 사망사고도 일어나지 않았다는 기록을 세웠다. 미국 고속도로안전보험협회IIHS가 주관하는 충돌 테스트에서도 10년 이상 우수 등급을 받으며 안전에 대한 기술력을 대외적으로 증명했다. 이러한 자신감은 1970년부터 자체적인 교통사고 조사팀을 꾸려 사고 현장마다 직접 찾아가 도로·교통 상황, 사고 원인과 피해 규모 등을 기록하며 축적한 연구 결과에서 비롯됐다.

볼보는 총 4만 3,000건 이상의 사고 데이터를 기반으로 실제 충돌 상황에서 차량의 손상, 운전자와 보행자의 위험도 등을 분석하면서 첨단기술을 계속해서 개발했다. 레이저를 이용해 앞차와의 추돌 가능성을 감지하고, 운전자가 브레이크를 밟지 않을 경우 자동으로 브레이크를 작동하는 '시티 세이프티 시스템'이 대표적인 개발 성과다. 통계를 분석한 결과 도로 위 전체 추돌사고의 75%가 시속 30㎞ 이하의 저속 상태에서 발생했고, 추돌사고의 50%는 운전자가 브레이크를 밟고 있지 않았던 것으로 드러난 것을 반영했다. 게다가 이러한 안전 기능이 차종과 가격에 상관없이 탑재되는 점도 볼보의 이미지를 유지하는 데 기여했다.

브랜드란 고객의 마음을 얻기 위한 싸움과 다르지 않다. 앞서 나온 미니는 '브랜드 차별화 전략'을 설명할 때 대표적으로 언급하는 사례다. 무형의 가치를 축적하며 만들어지는 튼튼한 브랜드는 당장 기업의 매출이나 이익을 증대시키지는 않더라도 브랜드 고유의 특성을 고객의 마음속 깊이 각인시킨다. 미니는 제품 카테고리를 늘리고 디자인 요소를 개선하는 데 중점을 뒀으나 결과적으로 평범한 브랜드가 되고 말았다.

볼보는 사회의 안전을 생각하는 브랜드 이미지를 구축했다. 그리고 경쟁우위를 창출할 수 있는 기술력을 차량을 만드는 정체성과 연결했다. 그 결과 '볼보=안전'이라는 인식을 정착시켰다. 볼보는 환경규제가 까다로운 북유럽의 기준을 맞추느라 엔진 설계와 성능 면에서도 기술력이 뒤지지 않지만 '안전'에 비해 그런 면들이 상대적으로 주목을 받지 못했다. 반면 비교적 뒤처진다는 평가를 받는 디자인이나 내장 등의 단점이 '안전'

덕에 감춰지기도 했다. 이런 점들을 감안하면 어쩌면 그들에겐 브랜드 차별화 전략이 필요 없는 상태가 왔는지도 모르겠다. 오직 사람과 사회의 안전만을 생각하는 자세, 혁신적인 기술력과 뛰어난 엔지니어를 보유한 회사, 그러한 자원을 통해 선진적인 차량을 만드는 브랜드. 불변의 시간이 만들어 놓은 금자탑이 공유되고 계승됨으로써 비즈니스 모델 자체의 독자성과 경쟁력을 강화시켜 주기 때문에.

21

프랑크푸르트 키친

FRANKFURT KITCHEN

집을 구성하는 중요한 한 축, 부엌을 생각해 보자. 본디 한국의 전통 부엌은 난방과 조리를 동시에 하는 공간이었다. 아궁이와 부뚜막을 중심으로 벽과 바닥이 흙으로 마감돼 안채에 붙여졌다. 아궁이에 땐 불은 구들을 데워 방의 난방을 도왔다. 전통 부엌은 공간 사이의 높낮이가 다르고 동선이 불편했지만, 농사일과 집안일을 병행하던 당시의 생활양식에 적합했다.

1960년대 들어 국내 모든 산업문화가 현대화를 부르짖고 나올 때 부엌도 예외는 아니었다. 여전히 일부 가정에서는 가사노동 환경이 열악했지만, 설비의 보급이 순차적으로 진행됨에 따라 가스레인지가 도입되고 찬장 같은 수직적 수납 개념이 생기며 개수대와 조리대가 마련됐다. 또 난방과 취사의 독립으로 공간 사이의 높낮이 차이가 사라져 완전한 내실화가 이루어졌다.

한편 1970년대 중반 무렵이 되자 도시를 중심으로 서구식 주택 개념인 아파트 건축이 활발해졌다. 서구식 주택은 입식 생활을 기본으로 부엌은 다른 공간과 평면적으로 배치됐다. 효율과 위생이 고려되면서 본격적으로 공장제 입식 주방 시설이 도입됐다. 타일로 만들어졌던 개수대가 스테인리스 싱크대로 바뀌고, 수납을 최대화하는 수납장과 함께 한 묶음으로 만들어진 것이다.

이후 부엌은 주방을 넘어 '시스템 키친'으로 진화했다. 기술의 발전과 더불어 냉장고, 전기밥솥 등 작업의 능률화를 위한 가전제품들이 부엌 한편을 차지했고, 색채 개념이 도입돼 아름답게 꾸며졌다. 나아가 거실의 연장선에 자리 잡고 가정의 상징적 중심이 됐다. 예전과 달리 개방적으로 변모했고 온 가족이 함께 일하는 공간으로 쓰임새가 진화했다.

'프랑크푸르트 키친Frankfurt kitchen'은 바로 이 현대 시스템 키친의 원조라 할 수 있다. 오스트리아 빈 출신의 여성 건축가 마가레테 쉬테-리호츠키Margarete Schütte-Lihotzky가 고안한 이 건축 브랜드 없이는 부엌의 혁신 역시 없었을지도 모른다. 1916년 빈 응용미술 아카데미 건축과를 졸업한 그녀는 혁신적인 근대 건축가로 널리 알려진 아돌프 로스의 사무소에서 설계를 맡았다. 쉬테-리츠호키는 젊었을 때부터 미국의 경영학자 프레데릭 테일러의 노동 표준화 이론인 테일러리즘에 관심이 많았다. 테일러는 노동자 동선 연구의 창시자로, 공장에서 부품과 공정, 노동 등의 표준화를 통해 노동 생산성과 효율성을 극대화할 수 있다고 믿었던 인물이다.

테일러리즘이 주택 건축에서도 가능하다고 믿었던 쉬테-리호츠키는 본격적인 부엌 규격화 프로젝트를 이끌었다. 그녀는 주부의 가사노동을 기능주의적으로 합리화시키겠다는 원칙에 입각한 설계안을 지속적으로 고안했다. 400명 이상의 손님을 위한 요리가 이루어지는 기차 식당칸의 부엌을 모티브로 1927년에 열린 국제무역박람회에 새로운 개념의 부엌 견본을 출시했다.

그의 부엌은 부엌일을 합리적인 동선에 따르게 이끄는 명료한 디자인과 비용 절감 요소를 조화롭게 구현한 혁신적 모델이었다. 이후 1920년대 말 프랑크푸르트에 건설된 공공주택에 대대적으로 8,000세트나 설치됐다. 프랑크푸르트 키친이 본격적 발걸음을 내디딘 동시에 현대 시스템 키친의 역사도 시작된 것이다.

프랑크푸르트 키친은 최소 규격 공간과 최대 공간 활용을 동시에 목표로 했다. 주요 구조를 살펴보면 부엌은 폭 1.9m, 길이 3.44m의 좁고 긴 형태이고 긴 벽 쪽으론 오븐, 화덕 등의 전기 제품들을 배치했다. 조리 시 발생하는 냄새와 연기를 흡수하기 위한 벤틸레이터는 화덕 위에 설치됐다.

창문이 있는 짧은 벽 아래에는 높낮이 조절이 가능한 작업대가 있고, 그 아래에는 냉장고를 대신하는 음식 보관함과 분리형 음식물 쓰레기통이 갖춰진 커팅보드, 회전의자도 함께 설치됐다. 그 오른쪽 벽에는 2개의 개수대, 접시꽂이가 설치됐다. 또한 갈고리 모양의 걸이와 컵 거치대도 함께 들어가 설거지한 식기를 쉽게 말리는 동시에 사용할 수 있게 했다.

개수대 옆으론 조리도구와 그릇을 보관하는 수납장이 있고, 개당 2*kg* 정도의 콩이나 설탕 등의 음식 재료들을 보관할 수 있는 18개의 무광택 알루미늄 서랍이 붙박이장 아래에 설치됐다. 이런 붙박이 가구의 재료와 색상은 매우 실용적이고 과학적인 연구 결과에 따라 제작됐다. 밀가루 벌레의 특성을 고려해 참나무를 썼고, 가구 밑을 청소할 필요가 없도록 붙박이장을 바닥에 완전히 밀착시켰다. 에나멜 처리된 수납장 전면은 코발트블루로 처리됐는데, 파리가 싫어하는 색을 사용한 것이다.

물론 단점도 없지는 않았다. 한 사람만 일할 수 있는 작은 공간이라는 점이 대표적인 단점으로 지적됐다. 하지만 순차적으로 연결된 부엌은 주부를 둘러싸고 있으며, 모든 가구가 손에 닿는 범위 내에서 효율적으로 배치돼 한사람 손으로 충분히 조작될 수 있게 설계됐다. 그 결과 주부가 하루 동안 움직이는 동선을 90m에서 8m로 크게 단축시켰다는 장점도 동시에 가능했다. 또한 부엌에서도 자녀들을 지켜볼 수 있도록 폭이 넓은 미닫이문으로 거실과 연결하는 등 세심한 부분까지 고려했다.

쉬테-리호츠키가 만든 프랑크푸르트 키친은 명확한 목표 의식의 산물이었다. 그는 가사 생활 역시 공장이나 사무실 업무만큼이나 최소한의 노동으로 최대의 효과를 누릴 수 있도록 하는 데에 의의를 뒀다. 하녀 없이 가사 노동을 하는 중산층 주부에게 최적의 해결책을 주려는 이 기획은 성공적이라는 평가를 받았다.

사실 프랑크푸르트 키친을 제외하면 쉬테-리호츠키를 상징하는 특별한 건축물이나 주택은 없다. 그는 스탈린의 '5개년 계획'에 참여하기 위해 모스크바로 향해 당시 소련의 산업도시들을 건설하는 일에 진력한 바 있다. 그러나 '대숙청'의 그림자가 다가오는 것을 피하기 위해 다시 소련을 떠나고, 그럼에도 공산주의자로서의 신념에 따라 반反나치 활동을 벌이다 강제노동수용소에 수감되기도 하는 등 우여곡절을 겪기도 했다. 그가 평생 헌신한 대상이자 건축가의 '진짜 고객'이라고 생각한 대상은 공공주택 설계를 의뢰하는 정부의 관료가 아니라 그 안에 살게 될 주부와 노동자 같은 사람들이었다.

오늘날 프랑크푸르트 키친은 아이러니하게도 부를 상징하는 아이콘이 됐다. 부엌은 집의 중심으로 자리 잡으면서 갈수록 고급화됐다. 포스트 코로나 시대를 맞으면 가족 공동 식사의 중요성이 점차 부각되면서 주방은 더욱 다양한 형태로 맞춤 및 고급화 흐름을 탈 것이다. 그러나 단순히 유행과 트렌드를 쫓아간다면 결코 프랑크푸르트 키친을 뛰어넘을 수는 없을 것이다. 결국 '진짜 고객'은 누구인가. 이 핵심 질문에 걸맞은 비전을 보여주지 못한다면, 영원히.

10장

브랜드 프레임 ⑧

마스터

THIS IS
BRANDING

마스터 Master

고집스럽게 품질에 집착해서

브랜드 파워를 창출하는

브랜드 프레임

22

블루보틀 커피

BLUE BOTTLE COFFEE

블루보틀 커피Blue Bottle Coffee는 2019년 5월 3일, 서울 성동구 성수동에 국내 1호점을 개점했다. 첫날부터 1,000여 명의 고객이 몰려 4시간을 넘게 기다려야 겨우 들어갈 수 있었을 만큼 관심을 모았다. 당일 매출만 6,000만 원을 기록했다는 후문이 나돌았다. 대표 커피 한잔이 6,000원 부근이라는 점을 감안한다면, 경이적인 기록이다. 이후 서울 삼청동, 역삼동, 압구정동, 한남동에도 차례로 매장이 생겼다.

블루보틀의 성공 스토리는 이미 여러 곳에서 회자되었다. 그 시작 또한 마찬가지다. 클라리넷 연주가로 커피전문점 운영에 관한 사전 지식도 없던 괴짜 창업가, 제임스 프리먼James Freeman

이 매주 토요일 미국 오클랜드의 한 시장에 수레를 끌고 나가 핸드 드립 커피를 팔기 시작한 이야기가 대표적이다. 그는 2005년 샌프란시스코에서 상권이 좋지 않고 치안이 나빴던 헤이즈 밸리의 친구 집 창고에 첫 커피전문점을 창업하면서 성공 신화를 써내려 갔고, 입맛 까다롭기로 소문난 실리콘밸리의 젊은 창업자들을 사로잡아 열정적인 응원을 등에 업었다는 이야기도 유명하다.

블루보틀의 성공 요인에 관해서는 여러 의견이 분분하지만 '브랜드 파워'가 작용했다는 사실은 분명해 보인다. 2008년부터 피델리티, 모건 스탠리, 구글 벤처스 등의 실리콘밸리 투자자들로부터 약 1,400억 원에 달하는 투자를 유치한 것은 물론, 2017년엔 다국적 기업인 네슬레가 블루보틀 지분 68%를 약 4,800억 원에 인수한 사실이 이를 입증한다. 2020년 3월 기준 미국과 일본, 한국 등에서 불과 91개의 매장을 운영하는 소규모 커피 프랜차이즈 전문점에 막대한 투자가 몰려든 이유에는 '브랜드 파워'가 기반이 되었음이 틀림없다.

모두가 브랜드 파워에 대해서 이야기한다. 그런데 브랜드 파워가 정확히 무엇일까? 볼펜을 하나 예로 들어보자. 필기구인 볼펜은 마트나 문구점에 가도 살 수 있다. 그렇다고 해서 '몽블랑' 볼펜이 팔리지 않는 건 아니다. 이는 단순히 '물 건너온 명품'이라서가 아니다. 몽블랑이라는 브랜드가 볼펜을 사용하는 사람에게 생활을 풍족하게 만들어주는 가치를 제공하기 때문이다. 그리고 나는 가치를 제공하는 힘을 브랜드 파워라고 부른다.

블루보틀의 브랜드 파워도 마찬가지다. 고객은 단순히 커피 한잔을 마시는 것이 아니다. 그들이 추구하는 가치와 의미를 생각하며 마신다. 제품, 패키지, 매장의 인테리어 등 블루보틀이 만든 모든 산출물의 결과를 이상적인 형태로 느낀다. 좀 더 쉽게 말하면 고객은 눈으로 보고 귀로 듣고 코로 맡으며 온몸으로 느낄 수 있는 모든 감각을 동원해 커피 한잔을 마신다. 블루보틀이 지닌 이 특유의 매력, 즉 브랜드 파워에 공감해 지갑을 연다는 것이다.

이러한 특유의 매력을 잘 구현한 동종업계의 기업은 블루보틀 이전에도 있었다. 바로 '스타벅스'다. 스타벅스의 브랜드 파워도 명확했다. 커피를 파는 곳이 아닌 문화를 파는 공간이라든가, 새로운 커피문화를 만들었다든가 하는 것 말이다. 그러나 블루보틀은 스타벅스와 다른 길을 가는 것이 틀림없다. 다시 말해 브랜드 파워가 내뿜고 있는 가치가 전혀 다른 셈이다.

블루보틀이 가진 여러 일화가 이 기업이 얼마나 고집스럽게 '품질'에 집착해 브랜드 파워를 만들어왔는지에 관한 방증이다. 블루보틀은 2015년 6월부터 이전까지의 주요 수익원이었던 도매사업을 중단했다. 게다가 합작투자 및 라이선스 발급 요청을 하는 많은 기업의 제안도 거절했다. 경영대학에서 배우는 일반적인 경영 원칙과는 전혀 달랐다. '물 들어올 때 노를 저어라'라는 속담처럼 기회가 왔다면 놓치지 않고 나아가야 하는 게 맞겠으나, 전혀 반대의 행보를 선보였다. 이유는 단 하나다. 그렇게 한다면 수익성은 높일 수 있겠지만, 전체 과정을 직접 통제하지 못해 자신들의 브랜드 이미지가 나빠질 수 있다고 판단했기 때문이다.

같은 이유로 창업 초기부터 지금까지 커피의 가장 순수한 맛을 살리기 위해 어떤 첨가물도 넣지 않는다. 신선도와 최상의 맛을 유지하기 위해 48시간 이내에 볶은 원두만을 제공한다. 컵 사이즈도 한 가지로 통일하고 메뉴의 수도 줄였다. 커피전문점이기 때문에 커피의 맛에 집중하겠다는 전략이다. 대다수의 커피전문점이 다양한 메뉴, 여러 사이즈의 구색을 갖춰 고객에게 선택의 폭을 넓히고 있다는 점을 감안한다면 놀라운 선택이다.

최근에는 매장에서 직접 사용하는 커피 추출용 도구인 드리퍼를 미국 MIT 출신 물리학자와 함께 개발했다. 드리퍼 안의 긴 직선 모양 돌기와 추출 시 물방울의 높이까지 고려한 설계는 커피의 맛과 향을 위한 집념이 담겼다. 재질은 일본의 아리타 도자기로 제조해 얇으면서도 보온성을 높였다. 종이 필터에도 대나무를 배합해 커피를 추출할 때 종이 냄새가 배지 않도록 만들었다.

블루보틀의 브랜드 파워는 어디까지나 수단이다. 이들에겐 완벽한 품질의 커피 한잔이 기본 중의 기본이다. 이 기본을 바탕으로 브랜드 파워를 극대화하려는 시도가 뒤따른다. 파란 병이 그려진 로고도 근사하게 뽑고, 특별기획MD 상품들도 훌륭하다. 매장 안팎도 멋지고 세련되게 유지한다. 이 모든 것을 이상적인 형태로 관리하기 위해 다시 품질 투자로 되돌아온다. 투자자들에게도 장기적인 이익을 위해선 품질 향상에 주력해야 한다며 설득한다. 결국 브랜드 파워가 맥을 이어올 수 있었다.

미국 경제전문매체인 '비즈니스 인사이더'는 블루보틀의 품질에 관한 완벽함을 두고 "커피의 품질을 포기하거나 대규모 공장 시스템을 도입하지 않고도 (회사가) 성장할 수 있다는 것을 보여준 사례"로 분석했다. 블루보틀에게 좋은 품질의 커피란 경쟁업체들과 차별화되는 요소를 넘어 스스로 결정적 차이를 만들어낼 수 있는 능력이었다. 이런 고집스러운 추구가 결국 고객에게 있는 그대로 전달되면서 브랜드 파워를 구축한 것이다.

만약 당신에게 블루보틀 같은 선택의 기로가 닥쳤다면 어땠을까 상상해 보라. 세상을 깜짝 놀라게 할 대규모의 투자를 받고 매장을 확대했을까. 도매사업도 계속 확장하고 많은 합작투자 및 라이선스 요청도 고스란히 받았을까. 커피에 대한 신념보다는 철저한 경영 원리로 다가갔을까. 수익이 목적이 되었을까. 블루보틀은 당신이 가지고 있는 일반적인 경영 상식과 전혀 다른 행보를 보였다. 그 결과 최고의 브랜드로 우뚝 서고 있다.

23

몽블랑
MONTBLANC

1991년 12월 25일 소련 최초의 대통령이었던 미하일 고르바초프Mikhail Gorbachev는 대통령직을 사임했다. 1985년 공산당 서기장에 선출된 뒤 추진했던 페레스트로이카에 대한 의견 충돌과 쿠데타, 이후 소비에트 연방의 해체 때문이었다. 고르바초프는 소비에트 연방 해체 문서에 공식 서명을 하려던 찰나, 자신이 펜을 가지고 오지 않은 것을 알았다. 곁에 있던 당시 CNN 사장인 톰 존슨이 즉석에서 볼펜을 내밀었다. 그때 빌린 볼펜이 '몽블랑' 검은색 마이스터스튁 볼펜이었다. 세계를 움직이는 역사적인 서명이 바로 몽블랑을 통해 이뤄진 셈이다.

몽블랑. 만년필을 비롯한 필기구와 가죽제품, 시계 등을 제작하고 판매하는 독일 브랜드다. 1906년 독일인 엔지니어인 아우구스트 에버스타인은 휴가차 미국을 방문했다가 처음으로 펜 속에 잉크통이 들어간 만년필을 접했다. 잉크가 끊임없이 흘러나와 편하게 글을 쓸 수 있는 편리함에 매료된 그는 베를린에서 똑같은 만년필을 만드는 작은 공방을 열었다. 그해부터 독일인 은행가 알프레드 네헤미아스가 이 제품의 수출을 돕다가 이듬해 요하네스 포스, 막스 코흐를 만년필 사업의 투자자로 끌어들였다. 이들은 함부르크에 회사를 설립해 1909년 '루주 에 누아르Rouge et Noir'라는 이름의 만년필을 생산했다. 만년필 아래쪽은 검은색, 뚜껑의 끝부분은 붉은색이라 일명 '빨간 모자'로 불린 이 만년필은 스탕달의 소설《적과 흑Le Rouge et le Noir》의 제목에서 착안해 이름 붙인 것이었다.

1910년 세 명의 신사는 알프스산맥의 유럽 최고봉에서 따와 회사명을 몽블랑으로 변경했고, 몽블랑 정상을 덮고 있는 만년설의 결정체를 모티브로 해 흰 육각형 로고의 화이트 스타 엠블럼을 상표 등록했다. 처음으로 몽블랑이라는 상표를 붙이고 같은 이름의 펜을 출시했던 당시에 이와 관련된 일화가 전해지고 있다. 몽블랑의 투자자 중 한 명인 요하네스 포스가 자신의 사촌과 사업 이야기를 하다 '최고의 품질과 꼼꼼한 장인정신'을 몽블랑산에 비유한 것이 브랜드의 기원이 됐다는 것이다.

이후 몽블랑은 필기구 분야에서 최초와 최고의 기록을 내놓으며 명성을 높여갔다. 1914년 최초로 펜 헤드 부분에 몽블랑 로고를 새긴 만년필을 출시했고, 10년 뒤엔 펜촉 제조공장을 인수해 금과 백금으로 만든 '마이스터스튁'을 출시하면서 고급 만년필 제조업체로 자리 잡았다. '걸작'을 뜻하는 독일어 표현처럼 마이스터스튁을 비롯한 몽블랑의 필기구에는 최고의 제품을 만들겠다는 그들의 신념이 고스란히 담겨 있었다. 몽블랑 만년필의 펜촉에 쓰인 '4810'이란 숫자는 몽블랑산의 높이를 의미하는데, 1930년부터 새기기 시작했다.

승승장구하던 몽블랑은 가죽제품 제조사인 오펜바흐를 인수해 필기구를 넣는 보관함과 가방 등의 제품까지 제작하면서 사업 확장에 나섰다. 그리고 1952년, 오늘날까지도 몽블랑 만년필을 대표하는 아이콘으로 일컬어지는 '마이스터스튁 149'가 처음 출시되었다. 세상에서 가장 유명한 만년필이자 처음 출시된 그 모습 그대로 현재까지 생산되는 제품이기도 하다.

그러나 몽블랑에도 시련은 있었다. 시장의 흐름이 빠르게 바뀐 것이다. 1959년 프랑스에서 출시된 '빅Bic' 볼펜은 몽블랑뿐만 아니라 모든 고급 펜 제조업체를 큰 위기로 몰아넣었다. 빅 볼펜은 출시 당시 0.19달러에 불과해 이전까진 상상도 하기 어려울 만큼 저렴한 가격이었다. 게다가 만년필보다 더욱 효과적이고 쉽게 글을 쓸 수 있게 최신 기술이 적용됐다. 몽블랑은

1960년대 들어 볼펜의 모양을 본떠 만든 닙을 넣은 만년필을 만드는 등 온 힘을 다했지만 결국 1985년에 이르러 경영악화 끝에 영국의 알프레드 던힐사에 인수되고 만다. 그 후에도 여러 번 소유 관계가 바뀌는 우여곡절을 거쳐 명품 브랜드를 다수 보유한 스위스의 리치몬드 그룹 산하로 편입되기에 이른다. 현재는 필기구와 가죽제품을 포함해 향수, 보석, 스마트 시계 등 다양한 상품군을 전 세계 9,000여 개의 매장에서 판매하는 브랜드로 정착했다.

그런데 몽블랑을 이른바 '럭셔리 브랜드'로 생각하는 사람들은 드물다. 몽블랑이 위기를 돌파할 수 있었던 단초도 여기에 있다. 몽블랑의 만년필과 필기구, 시계, 가죽제품은 모두 어느 정도 고급이라는 이미지를 형성하고는 있지만, 고가의 명품이라고 부를 정도는 아닌 브랜드로 시장에서 인식된다. 한편으론 어정쩡한, 다른 한편으론 전략적인 몽블랑의 위치는 '개인의 취향'이란 표현으로 설명할 수 있다. 몽블랑은 단순히 물 건너온 명품이라는 이유로 인정받는 대신 고객이 감정적, 심리적으로 가치를 느끼는 소비를 할 수 있는 제품을 만들어 인정받는다. 여행을 예로 들면, 잊지 못할 추억을 만들기 위해 값비싼 돈을 들여 여행을 떠나고 고급 숙박업소에서 질 좋은 서비스와 음식을 맛보는 걸 단순히 과시적 소비로만 치부할 수 없는 것과 같다. 이따금 스스로의 취향을 만족시키고 추억할 이야깃거리를 만들기 위해 큰마음 먹고 여행을 떠나기도 하는 것이다.

사실 품질을 위한 몽블랑의 노력은 여느 럭셔리 브랜드 못지않다. 펜촉 하나를 만드는 데에도 무려 152가지의 공정이 들어가기 때문에 만년필 한 자루가 완성되기까지 약 6주의 시간이 소요된다. 지금도 독일 함부르크의 제조공장에서는 35명의 전문 기술자가 충분한 시간을 갖고 천천히 펜촉 만드는 공정에 참여하고 있다. 특히 펜촉에 붙이는 작은 금속 알갱이인 팁tip은 종이와 맞닿는 부분으로 필기의 질을 좌우하는 중요한 부품이기 때문에 용접된 팁의 문제점을 전문적으로 확인하는 기술자가 늘 불량을 철저히 검수한다. 이러한 몽블랑 필기구의 완성도와 내구성 덕에 가까운 문구점에서 볼펜을 살 수 있음에도 어떤 고객들은 기꺼이 몽블랑을 찾는다. 몽블랑이라는 브랜드가 생활을 좀 더 풍족하게 만들어주는 가치를 제공하기 때문이다.

나도 몽블랑의 필기구 몇 개를 가지고 있지만, 결코 이름값만 보고 산 적은 없다. 구입을 마음먹게 된 계기는 명료하다. 나는 글 쓰는 것을 좋아하는 편인데, 막상 생각을 글로 옮기려고 할 때 내 글쓰기 능력의 한계를 극명하게 느낀 경험을 한 적이 있다. 아울러 이런저런 과정을 통해 글로 써야지만 내가 어디까지 명확하게 알고 있으며, 진짜 모르는 것은 무엇인지 생각이 정리된다는 것을 깨달았다. 그때부터 새로운 창의성을 발현하려면 자연스럽게 글쓰기가 생활화되어야겠다고 생각했다. 그런데 이를 위한 최고의 '무기'를 가진다면 글쓰기도 정복할 수 있을 것이란 생각, 그것이 몽블랑을 선택한 결정적 계기였다. 장인은 연장 탓을 하지 않는다지만, 나는 연장의 힘이라도 보태고 싶어졌다.

몽블랑은 나와 같은 고객들의 마음을 아는지 로버트 루이스 스티븐슨, 호메로스, 생텍쥐페리 등 여러 유명한 작가를 비롯해 다양한 아티스트를 오마주한 리미티드 에디션을 선보이며 작가들의 정신과 고유한 이야기를 제품으로 상징화시켜 보이지 않는 유대를 형성하고 있다. 글을 쓰는 생활이 특권이고 정교한 몽블랑의 제품이 특별한 삶을 더욱 특별하게 만들어준다는 믿음을 제공하면서 말이다.

저마다 다른 개인의 취향에 맞춰 몽블랑은 오랫동안 변화를 만들어오고 있다. 이들은 가격 아니면 품질, 한 가지 무기만으로 승부한 적이 없다. 일부 고가품을 제외하면 몽블랑은 가격과 품질 모두를 만족하는 '가성비'에 충실한 보편적인 제품을 생산해왔다. 모든 제품군에서 입문자용 모델을 적절히 판매에 활용한 뒤, 개인의 취향에 따라 점진적으로 더 정교한 제품을 고를 수 있도록 유도한다. 이러한 전략은 몽블랑을 100년 넘게 이어갈 수 있도록 만든 원동력이기도 하다.

24

루이 비통

LOUIS VUITTON

1912년 4월 10일, 타이태닉호는 기념비적인 첫 운항에 나섰다. 영국의 사우샘프턴을 떠난 이 대형 호화 여객선은 프랑스와 아일랜드를 거쳐 미국 뉴욕으로 향했다. 수많은 명사를 포함한 승객과 승무원 등 총 2,200명 이상이 몸을 실었다. 타이태닉호는 20층 건물 높이에 길이 269m, 너비 27.7m로 지금의 유람선과 견주어도 뒤지지 않는 당대 최고·최대의 배였다. 당시 첨단 기술을 집약시켜 최대 4개의 구획이 침수돼도 견딜 수 있도록 건조했다. 그러나 '신도 침몰시키지 못할 불침선'이라고 불린 이 배는 출항한 지 나흘 만인 4월 14일, 북대서양에서 빙산과 충돌해 침몰했다.

그런데 침몰한 배에서도 침수되지 않았다는 소문이 퍼져 유명해진 물건이 있었다. '루이 비통LOUIS VUITTON'의 여행용 트렁크였다. 생존자들 가운데 일부가 바다 위에 떠 있던 루이뷔통의 트렁크를 부여잡고 버텼고, 침몰한 지 수십 년이 지나 배를 인양해 보니 선체에 남겨졌던 루이 비통의 트렁크도 전혀 침수되지 않아 당시의 짐이 고스란히 보존돼 있었다는 이야기가 전해졌다. 사실 이 에피소드의 진위는 확실하지 않다. 그러나 루이 비통이 지니고 있는 명품 브랜드로서의 가치가 100여 년 전에도 인정받고 있었다는 점은 분명하다. 타이태닉호의 일등석 요금은 현재 가치로 따지면 6,000만 원가량 되는 고액이었다. 이 배를 탈 수 있던 부유한 탑승객들이 루이 비통을 애용했다는 점은 쉽게 유추할 수 있다.

오늘날에도 루이 비통의 입지는 여전히 굳건하다. 2023년 발표된 '글로벌 100대 브랜드' 순위에서 루이 비통은 14위✦를 차지했다. 경쟁 브랜드인 샤넬이나 에르메스보다 더 높은 브랜드

✦ 글로벌 브랜드 컨설팅 전문업체 인터브랜드interbrand가 매년 발표하는 글로벌 100대 브랜드 보고서로 기업의 재무성과 고객의 제품 구매 시 브랜드가 미치는 영향, 브랜드 경쟁력 등을 종합 분석해 매년 브랜드 가치를 평가해 발표하고 있다. 국내 기업으로는 삼성이 5위, 기아가 88위를 기록했다. (링크: https://interbrand.com/best-global-brands/)

가치를 인정받고 있는 것이다. 현재는 셀린느, 겐조, 지방시 등의 최고급 패션 브랜드를 다수 보유하고 있는 LVMH 그룹 소속으로, 2023년 기준 연 매출 126조 9,889억 원, 연간 반복 수익ARR 33조 5,887억 원을 기록하며 역대 최고 실적을 거둔 LVMH 그룹에서 루이 비통이 매출의 약 25%, 그룹의 ARR과 맞먹는 33조 4,300억 원을 기록했다.

루이 비통은 핸드백, 가죽소품, 액세서리, 신발, 의류, 주얼리 등 다양한 상품 카테고리를 보유하고 있지만, 처음에는 여행 가방을 만드는 데서부터 시작했다. 창업자 루이 비통의 개인사가 브랜드의 방향을 결정지은 셈이다. 목공소를 운영하던 아버지가 재혼하자 루이 비통은 13세에 가출을 감행했다. 그리고 2년간의 방랑 끝에 470㎞를 걸어 파리에 도착했다. 그는 파리로 오는 길에 귀족 부인들이 수십 벌의 드레스를 담은 나무상자를 마차에 싣고 다니는 모습을 목격했다. 그때부터 가볍고 튼튼한 여행용 트렁크를 만들면 수요가 있겠다는 생각을 시작했다.

1837년 파리 생제르맹 인근 가방 제조 공방의 견습공이 된 그는, 당시 생제르맹과 파리 사이의 철도 노선 공사를 보면서 앞으로 마차보다 철도 여행이 대세를 이룰 것이라고 직감했다. 1839년 파리와 베르사유 사이에 철도 노선이 생겨 왕궁 여행이 가능해지자 그는 색다른 가방을 만들겠다는 결심을 굳혔다. 그는 당시 대부분의 여행 가방이 반원형 뚜껑을 달고 있는 것에 주목했다. 단단한 재질의 나무로 만들어져 이동성이 불편하다는 점도 잊지 않았다.

1858년 그는 수많은 시행착오 끝에 마침내 기차 여행에 최적화된 여행용 트렁크 '그레이 트리아농 캔버스'를 선보였다. 기차의 좁은 공간에 최대한 많은 가방을 적재할 수 있도록 효율성을 높이는 동시에 가벼우면서도 튼튼한 재질을 사용했다. 어릴 적 목공 경험을 바탕으로 효율적인 구조를 개발했고, 캔버스 천에 풀을 먹여 방수 처리를 했다. 그가 자신의 이름을 딴 매장을 연 지 4년 만의 일이었고, 기차를 처음 구경한 지 21년 만이었다.

이 트렁크는 대단한 인기를 끌었다. 헤밍웨이와 같은 유명인들이 애용하면서 히트 상품이 되었다. 나중의 일이지만 1883년부터 파리~이스탄불을 오간 오리엔트 특급열차의 일등 침대칸에서 가장 흔하게 볼 수 있는 제품이 되기도 했다. 그런데 그레이 트리아농 캔버스가 히트 상품이 되면서 여러 가지 문제가 일어나기도 했다. 유명인들이 주로 사용하다 보니 강도들의 표적이 되었는데, 이를 해결하기 위해 루이 비통은 그의 아들 조르주와 함께 텀블러 자물쇠를 달아 고유의 잠금 시스템을 선보였다. 또 늘어나는 모조품들과 차별화하기 위해 베이지색과 갈색의 바둑판무늬로 형성된 '다미에 캔버스'를 출시했고, 이마저 모조품이 생겨나자 지금도 루이 비통이라고 하면 떠오르는 '모노그램 캔버스'를 공개했다. 루이 비통의 이니셜인 'L'과 'V'를 비스듬히 겹치고 아르누보 양식에서 영감을 얻어 꽃과 별 문양을 번갈아 배치한 바로 그 패턴이다.

이후 선박 여행 시대가 열리자 루이 비통은 장기간의 여행을 위해 세탁물을 보관할 수 있는 '스티머', 옷을 세워 보관할 수 있는 '워드로브 트렁크'뿐만 아니라 둥근 원통형의 여행용 가방 '스피디' 등을 출시했다. 이중 이름이 익숙할 스피디 모델은 얼마나 인기를 끌었는지, 거리에서 3초마다 한 번 마주칠 정도라 '3초 백'이란 별명이 붙은 핸드백의 원형이다. 이들은 교통수단의 발달에 따라 바뀌는 여행의 모습을 꾸준히 파악하면서 변화에 발맞춘 여행용 가방을 잇달아 선보여 왔다.

그리고 그 바탕엔 변하지 않고 완벽한 품질을 추구하는 고집이 그대로 남아 있다. 지금도 루이 비통의 전 제품은 전속 장인이 손으로 가죽을 자르고 틀을 만들어 징을 박는다. 30일 동안 무두질을 거친 천연 가죽은 8번의 품질검사를 거친 후에야 재료로 쓰일 수 있다. 또한 '최첨단 고문실'이라 불리는 실험실에선 3~4*kg*짜리 돌멩이를 채운 가방을 나흘 동안 바닥으로 내동댕이치고, 방망이로 두들긴다. 변색 여부를 확인하려 자외선을 집중적으로 쬐게 하거나 지퍼의 견고함을 살펴보기 위해 5,000번 이상 열었다 닫았다 하는 공정도 포함된다.

값비싼 명품 브랜드의 제품이라면 당연히 루이 비통처럼 품질관리를 하고 있다고 생각할 수도 있다. 하지만 모든 각도에서 루이 비통처럼 우수한 품질 보증을 위해 노력하는 브랜드는 매우 찾기 어렵다. 특히 아웃소싱outsourcing을 주지 않는 점에선 독보적이다. 루이 비통은 창업 후 166년이 지난 지금도 하청 업체와 라이선스 계약을 맺지 않는다. 품질을 위해 본사에서 매장을 100% 관리하고 공장 기술자들 또한 많게는 수년씩 선임 기술자들로부터 직접 훈련을 받는다.

마차로부터 철도, 여객선을 거쳐 항공 여행에 이르기까지 변화의 흐름 속에서 이들은 여행객들과 함께해 왔다. 품질과 패션의 최전선에서 그들만의 여정을 이어온 것이다. 완벽을 지향한 그들의 시도는 어쩌면 창업자가 겪었던 고난과 희망의 여행 경험과 강하게 밀착되어 있는 것이 아닐까.

11장

브랜드 프레임 ⑨

집사

THIS IS
BRANDING

집사 Butler

훌륭한 고객 서비스를

최고의 가치로 삼아

고객 감동 실현을 목표로 하는

브랜드 프레임

25

자포스

ZAPPOS

2013년 미국의 마케팅 컨설팅 기업 '피데룸 파트너스'와 프린스턴 대학의 심리학 교수인 수잔 피스크는 자국의 대형 유통업체 6곳을 대상으로 고객 충성도를 조사했다. 대상 기업은 온라인 종합 쇼핑몰인 아마존과 자포스, 대형할인점·슈퍼마켓 체인인 월마트, 백화점 메이시스와 시어스, 전자제품 전문점 베스트바이였다. 고객이 온라인 쇼핑을 하면서 어떤 생각으로 해당 기업을 택했으며, 인간적인 따뜻함과 친밀감을 얼마나 느끼고 있는지 알아보기 위해서였다.

어찌 보면 당연한 조사 결과가 드러났다. 대부분의 기업이 낮은 점수를 받았다. 온라인 쇼핑몰에서의 소비 목적은 오직 편의

성에 있다. 조금 더 저렴한 가격으로, 조금 더 빨리 구매하는 것을 제외하고 우리가 온라인 쇼핑몰에 요구하는 가치가 있는가? 따라서 인간적인 따뜻함을 느낀다는 것은 어불성설이었고, 그 사실은 실제 조사 결과로도 나왔다.

그런데 한 기업만은 예외였다. 바로 '자포스ZAPPOS'였다. 자포스는 신발 전문 쇼핑몰로 시작해 현재는 신발 외에도 의류와 잡화 등 다양한 제품을 판매하는 유통업체다. 조사에서 고객들은 이 회사에 인간적인 따뜻함을 느낀다고 평가했다. 이런 평을 뒷받침하는 일화가 하나 있다.

어느 여성 고객이 몸이 편찮은 어머니를 위해 신발을 구입했다. 자포스에선 메일로 그녀에게 신발이 마음에 들었는지 물었으나, 그녀는 메일을 바로 확인할 수 없었다. 그녀의 어머니가 그 신발을 신어보기도 전에 세상을 떠났기 때문이었다. 경황이 없던 그녀는 상을 치르고 난 뒤에야 메일을 확인했고, "어머니가 돌아가셔서 신발을 드리지 못했다"라는 메시지와 함께 환불을 요청했다. 이를 확인한 자포스 고객충성팀은 환불을 해주는 것은 물론이고, 직원이 직접 그녀의 집을 방문해 꽃과 카드를 전달한 뒤 함께 슬픔을 위로했다. 놀라운 사실은 이 모든 상황이 회사의 서비스 매뉴얼대로 진행된 것이 아니었다는 점이다. 고객충성팀의 직원이 인간적인 교감을 통한 고객과의 연결고리를 만들기 위해 스스로 판단하고 움직인 것이었다.

자포스에서 위와 같은 사례는 흔하다. 장난으로 걸려온 전화를 서슴없이 받아 대화를 이어나가는 것은 기본이다. 심지어 자포스에서 판매되고 있는 제품과 동일한 제품을 타 사이트에서 검색하고 현재 그 제품이 얼마에 판매되고 있는지 알려주기도 한다. 가격이 더 저렴하면 다른 곳에서 구매를 권할 정도다.

이런 일화도 있다. 미국 온라인 매체인 '허핑턴 포스트'에 실린 2012년 12월 기사에 따르면 고객충성팀의 한 직원은 고객과 무려 10시간 29분 동안 통화한 기록을 세웠다. 그는 자포스 본사가 있는 라스베이거스에서의 삶을 고객과 함께 이야기했다. 그리고 그 대화는 결국 어그 부츠 한 켤레의 판매로 이어진 것이 전부였다(이 기록도 2018년 8월에 깨졌다. 현재까지 가장 긴 통화는 10시간 51분이다. 혹자는 자포스가 24시간 콜센터를 운영하기 때문에 가능하다고 말하지만, 이 글을 쓰고 있는 나도 믿기지가 않아 인터넷을 여러 번 검색한 적이 있었다.)

자포스에게 긴 통화는 고객을 위한 헌신을 증명하는 것이다. 인터넷으로 주문하는 고객이라도 평생에 한 번은 회사에 전화할 가능성이 크다고 판단했고, 방해를 받지 않고 고객과 오랜 시간 이야기할 수 있는 전화상담은 낭비가 아닌 투자라고 인식했다.

자포스는 고객을 진짜 '왕'으로 생각한다. 작고 하찮은 예의일지라도 고객의 심금을 울릴 수 있다는 사실을 몸소 증명한다.

친절함과 자상함이라는 무형의 산물이자 '공짜free'를 고객에게 제공해 기업의 '프리미엄premium'을 구축한다. '프리미엄freemium'의 실현이다. 사실 자포스의 모든 제품은 결코 저렴하지 않다. 거의 모든 유통업체가 진행하는 고객 맞춤형 혜택도 없다. 할인 행사도 없고 TV나 온라인에서 각종 상업적인 광고도 하지 않는다. 무엇보다 자포스 전체 매출의 95%는 온라인 거래에서 일어나는 매출이다. 그런데도 고객이 자포스를 찾는 이유는 뭘까?

결국 인간적인 따뜻함 때문이다. 자포스도 초기엔 경쟁사보다 가격이 비쌀 경우 차액의 110%를 보상해 주는 '최저가격 보상제도'를 실시하기도 했다. 하지만 이 정책은 오래전에 폐지되었다. 낮은 가격보다 서비스에 집중해 고객과의 유대관계를 강화하는 것이 더 낫다는 판단에서였다. 그래서 자포스는 미국의 많은 기업이 늘어나는 인건비를 감당하지 못하고 콜센터 업무를 인도 등지로 아웃소싱하는 상황에서도 고객충성팀을 직접 운영하고 전원 정규직으로 고용한다. 미리 준비된 대본이나 매뉴얼 없이 직원들에게 더 많은 재량을 부여하고 고객이 형식적인 상담이라고 느끼지 않도록 최선을 다한다. 하루에 통화하는 고객의 수를 제한하고 더 적게, 더 많은 관심을 기울이게 한다.

그뿐만 아니라 자포스는 고객이 원하는 방식의 서비스 개념을 향상하기 위해 기존의 물류창고 개념에서 벗어난 풀필먼트 센터Fullfillment Center를 구축하고 최첨단 기술집약형 인프라를 갖췄다. 총 1,400여 명의 직원이 각각 4개 조로 나눠 24시간 내내 센터를 운영하기 때문에 고객이 오후 늦게 주문하더라도 다음 날 오전까지는 상자에서 제품을 꺼내 볼 수 있는 방식을 고수하고 있다. 인하대 물류전문대학원 민정웅 교수는 자신의 저서 《미친 SCM이 성공한다》에서 2009년 기준 자포스는 약 1,200개 이상의 신발 브랜드를 취급하고 있었으며, 이들이 판매하는 SKU Stock Keeping Unit 기준 20만 개, 사이즈와 색상까지 구분하면 약 90만 개 이상, 재고 숫자는 400만 개 이상이었다고 언급했다. 이 정도 SKU를 취급하기 위한 물류는 기존 물류와 달라도 한참

자포스의 10대 가치

(1년간 모든 직원들의 의견을 수렴하여 만든 회사 가치관)

1. 서비스를 통해 와우 wow 경험을 선사한다.
2. 변화를 적극 수용하고 추진한다.
3. 재미와 약간의 희한함을 창조한다.
4. 모험 정신과 독창적이며 열린 마음을 유지한다.
5. 성장과 배움을 추구한다.
6. 적극적으로 소통하며 솔직하고 열린 관계를 추구한다.
7. 긍정적인 팀 정신과 가족 정신을 조성한다.
8. 좀 더 적은 자원으로 좀 더 많은 성과를 낸다.
9. 열정적이고 결연한 태도로 임한다.
10. 겸손한 자세를 가진다.

은 달라야 한다고 밝히면서 자포스가 새로운 물류센터가 필요했던 배경을 설명했다.

결국 자포스 서비스의 핵심은 사람에게 있다. 자포스는 창업 초기인 1999년부터 모든 직원이 지켜야 할 10가지 핵심 가치를 정립하고 기업과 직원, 고객 모두가 행복한 삶을 꿈꿀 수 있도록 노력했다. 그 결과 설립 후 1년 뒤부터 10년 동안 매년 매출이 약 100%씩 증가했다. 미국의 경제지 〈포천Fortune〉에서 평가하는 '미국에서 가장 일하기 좋은 100대 기업' 중 꾸준히 상위에 오르기도 했다. 한때 아마존은 자포스와의 정면 대결을 시도했지만 자포스에 무참히 깨졌다. 그러고 나서 결국 자포스를 12억 달러(약 1조 3,000억 원)에 인수하기로 결정을 내렸다.

마케팅 전문가 세스 고딘Seth Godin은 아마존이 자포스를 인수한 배경으로 "세계 유일의 기업문화와 강한 고객 유대관계, 탁월한 비즈니스 모델, 전설적인 서비스, 리더십 등 자포스만이 지닌 엄청난 가치의 무형 자산을 얻기 위해 비용을 지불한 것"이라고 분석했다. 자포스 창업자 토니 셰이Tony Hsieh는 자신의 트위터를 통해 "자포스가 아마존에 합병되는 것이 아니라 자포스의 기업문화와 고용, 독자적인 경영방식을 100% 승계할 수 있도록 약속받은 합리적 결혼"이라고 언급했다.

이후 자포스는 라스베이거스 구시가지를 3,500억 원에 통째로 매입해 회사의 사옥을 하나의 도시 형태로 만드는 기업 공동체 도시 실험인 '다운타운 프로젝트'를 선보이는 등 세상에 없는 것을 만들기 위해 끊임없이 노력하고 있다. 일각에서는 자포스가 구성원 모두가 주인의식을 가진 리더가 되는 새로운 수평적 조직문화, '홀라크라시Holacracy 제도'를 너무 일찍 도입하여 회사의 문화와 조직의 혼란이 이어져 실패했다고 본다. 이와 더불어 창업자 토니 셰이의 죽음으로 인해 앞으로의 전망을 다소 회의적으로 바라보는 목소리가 있다. 그러나 나는 최고의 온라인 기업이 아닌 최고의 '서비스' 기업, 자포스의 도전적인 기업문화를 최고의 브랜드라고 추켜세우고 싶다. 최근 중국 전자상거래 플랫폼 알리익스프레스와 테무가 초저가를 무기로 한국 시장을 빠르게 석권하고 있는 상황만 놓고 봐도 그렇다. 가격은 일시적인 시장점유율을 높일 순 있어도 차별화가 될 수 없기 때문이다. 낮은 가격만으로는 고객의 마음을 영원히 얻을 수 없다는 사실을 모르는 것일까? 훌륭한 고객 서비스를 최고의 가치로 삼아 고객 감동 실현을 목표로 하는 것만이 오늘날 브랜드에게 가장 필요한 마음가짐이 아닐까.

26

클리블랜드 클리닉

CLEVELAND CLINIC

2004년 두 아이의 어머니였던 코니 컬프는 남편이 쏜 산탄총에 맞아 얼굴 중앙부가 함몰되는 사고를 겪었다. 코는 완전히 부서지고 볼은 산산조각이 났으며 시력도 거의 잃었다. 30회에 걸친 수술로 얼굴을 복원했지만, 자력으로는 냄새를 맡거나 숨을 쉴 수도 없었다. 약 4년이 지난 2008년 컬프는 심장발작으로 사망한 안나 캐스퍼의 안면조직을 기증받을 수 있게 됐다. 얼굴의 80%가량을 이식하는 수술은 의료진이 컬프의 얼굴에 기증받은 안면을 덮고 혈관을 연결하는 순서로 이뤄졌다. 마침내 정상적으로 혈액이 공급되는 것을 확인한 순간 무려 22시간에 이르는 대수술이 끝났다. 당시 전 세계에서 가장 규모가 크고 복

잡했다고 기록된 수술이었다.

미국 최초의 안면 전체 이식 수술을 성공적으로 이끈 이 병원의 이름은 '클리블랜드 클리닉Cleveland Clinic'이다. 이곳은 메이요 클리닉, 존스 홉킨스 병원, 매사추세츠 종합병원과 더불어 미국 4대 병원으로 꼽힌다. 2020년 기준 약 4,600명의 의사와 과학자들이 일하고 있고 의료진을 돕는 지원 인력은 간호사 1만 4,000명을 포함, 무려 6만 8,000명에 달한다.

클리블랜드 클리닉은 그 규모와 명성뿐만 아니라, 독특한 직장문화로도 정평이 나 있다. 이러한 문화는 병원의 설립 배경과 무관하지 않다. 이곳을 설립한 조지 크릴과 프랭크 번츠, 윌리엄 로워는 제1차 세계대전이 한창이던 1917년 군의관으로 참전했다. 이들은 민간에서의 진료 방식과 달리 오직 부상병들이 집에 무사히 돌아갈 수 있도록 헌신적으로 팀을 구축해 환자 회복에 집중하던 군대의 방식에 큰 감명을 받았다. 전쟁에서 돌아온 이들은 당시 내과 전문의로 활동하던 존 필립을 영입하고 미국 오하이오주 클리블랜드에 클리블랜드 클리닉을 설립했다.

클리블랜드 클리닉은 설립 초기부터 미네소타주 로체스터에 있는 세계 최초로 '그룹 프랙티스group practice(공동 진료)'를 실천한 병원인 메이요 클리닉의 운영 방식을 채택했다. 그룹 프랙티스는 팀 단위 의료서비스를 뜻한다. 일반적인 병원이 정형외과

나 신경외과 등 각각의 전문과 별로 구분해 진료하는 데 반해, 그룹 프랙티스 병원은 의사들 간의 협력을 기반으로 개별 통합 진료팀을 구성해 운영한다. 클리블랜드 클리닉은 여기에서 더 나아가 2008년 다시 한번 혁신적인 제도를 도입한다. 그룹 프랙티스가 더욱 기능적으로 원활하게 이뤄질 수 있도록 당시 조직 구분 기본 단위인 진료과를 없애고 이를 27개의 임상, 연구, 교육, 지원 인스티튜트로 전환한 것이다.

인스티튜트 제도는 의사와 과학자, 기초학문을 전공한 전문가들이 상호 협력을 통해 환자 치료 및 질병 연구에 전념하는 한편, 그 밖의 다양한 지원업무는 해당 부서에서 전담하는 제도이다. 클리블랜드 클리닉의 각 인스티튜트는 각각의 질병에 맞는 종합적이고 포괄적인 기술과 서비스를 갖춘 독립적이고 유기적인 팀으로 정평이 나 있다.

사실 국내에서도 의사들 간의 협력 사례는 찾아볼 수 있다. 대표적인 예가 암센터와 심혈관 질환 전문센터 같은 곳이다. 그러나 클리블랜드 클리닉은 몇몇 진료과의 협력을 넘어 다양한 진료과 전문의를 포함해 각종 지원업무 인력까지 하나가 되어 원스톱 서비스를 제공한다는 점에서 뚜렷한 차이를 보인다.

특히 서비스의 구체적인 내용을 보면 이 병원은 극단적인 환자 중심의 사고방식에 바탕을 둔 점이 눈에 띈다. 가령 당뇨 합병증으로 치료를 받아야 할 환자가 종합병원에 방문했다고 치면, 환자는 내분비내과에서 당뇨병에 대한 치료를 받고 합병증의 종류에 따라 관련 진료과를 몇 차례 더 방문해야 할 것이다. 그러나 클리블랜드 클리닉에서는 환자가 한곳에서 필요한 진료를 모두 받을 수 있다. 앞서 코니 컬프의 대형 수술도 클리블랜드 클리닉의 인스티튜트 제도가 성공적이었음을 보여준 사례이자 오늘날 이들을 세계 최고 수준의 병원으로 자리매김하게 만든 단초였다.

클리블랜드 클리닉과 기존 병원의 차이

클리블랜드 클리닉	기존 병원
치료 및 수술을 위한 다원적인 접근법	개별 의료 부서의 독립적인 접근법
환자에게 최적화된 원-스탑one-stop 진료	환자의 질병, 특성에 따라 진행되는 개별적인 진료
수술 실적 등에 따른 별도 인센티브 제도 없음	수술 실적 등에 따른 별도 인센티브 제도 보유
세계 최고 수준의 의료 서비스 제공에 초점	개인의 실적 및 종신 임기 보장에 초점

컬프의 수술은 당시 피부·성형 인스티튜트와 두경부 인스티튜트가 협력한 결과물이다. 또한 수술에 참여한 인원은 이들을 포함해 신경과, 정신과, 치과, 안과, 마취과, 감염질환과의 전문의들로 구성됐고 그밖에 의료윤리, 사회복지, 간호, 약국, 보안 등 여러 분야의 인스티튜트가 각자의 영역에서 제 역할을 다했다. 오랫동안 이들은 다양한 이식법을 연구하고 개발했으며, 면역반응을 방지하는 방법을 알아내기 위해 주말마다 해부용 시체로 40회에 달하는 모의실험을 진행하고 명확한 매뉴얼을 기획했다. 나아가 심리학자는 예상 환자의 수술 적합성을 평가하는 업무를, 사회복지사는 향후 가족이 어떤 역할을 해야 할지에 대해 미리 고민하고 파악하는 임무를 수행했다.

이러한 인스티튜트 제도가 과연 취지처럼 제대로 기능할 것인지에 대한 의문도 없지는 않았다. 의사 개개인의 능력이 팀 아래에서 발휘되지 못할 수도 있고, 각자의 생각이 다를 수도 있기 때문이다. 그러나 이런 의문은 기우에 불과했다. 각종 수치도 클리블랜드 클리닉의 인스티튜트 제도가 성공적이라는 점을 보여준다. 'US 뉴스&월드 리포트'에 따르면 클리블랜드 클리닉은 2020년 26년 연속 심장 수술 부문 1위 기록을 이어갔고, 2023년 기준 총 5,000개 이상의 병원, 총 15개의 전문 분야에서 심장학 심혈관 수술, 류마티스, 비뇨기과 수술 부문 3대 병원 중

하나로 선정됐다.

이 모든 활동의 정점에는 늘 '극단적인 환자 중심의 사고방식'이 깔려 있다. 환자를 중심으로 협력하는 문화를 발전시켜 최선의 진료 결과를 창출하고, 그 결과 전 세계에서 환자를 유치해 매출을 끌어올린다. 높은 매출을 통해 다시 최고의 시설과 연구과제, 인적자원에 투자하니 최적의 의료서비스와 전문가를 확보하는 지속 가능한 경영이 실현될 수 있다. 그런데 사실 이러한 운영 방침은 브랜드의 관점에서 살펴본다면 크게 차별화에 도움이 되는 것은 아니다. 왜냐면 차별화를 위해선 경쟁 병원에서 아직 내세우지 않았거나 내세울 수 없는 독특하고 차별적인 제안, 동시에 고객의 행동을 쉽게 유도할 수 있을 정도로 강력한 방안이 필요한데 '극단적인 환자 중심'이란 구호 자체는 어느 병원에서나 쉽게 쓰일 수 있기 때문이다. 그러나 1년에 860만 명에 달하는 외래환자가 이곳을 찾아 연간 약 1,000억 달러(약 11조 원)에 이르는 매출을 올려주는 것만 봐도 이들의 구호는 구호에만 그치지 않고 무형의 가치와 유형의 만족감을 동시에 제공했음이 입증된다.

클리블랜드 클리닉은 인스티튜트 제도를 통해 새로운 의료서비스의 범주를 스스로 창출했다. 그래서 다른 병원과의 경쟁 또한 불필요하게 만들었다. 이곳을 찾는 환자는 개별 진료과목의 전문성을 보지 않고 오직 클리블랜드 클리닉이라는 하나의 의료서비스를 경험하러 온다. 그러니 따지고 보면 어쩌면 이들이 뚜렷한 차이를 보이는 이유는 무엇보다 그들의 '철학' 때문이 아닐까.

27

플랜 두 씨

PLAN DO SEE

'플랜 두 씨Plan Do See Inc.'라니 브랜드 이름이 독특하다. 이름만 들으면 마케팅 컨설팅을 하는 회사 같기도 하다. 그도 그럴 것이 브랜드 이름이 경영관리론에 나오는 용어이기 때문이다. 그러나 이 브랜드는 웨딩 서비스를 기반으로 성장해 호텔과 레스토랑, 의류매장까지 운영하며 사업 영역을 넓히는 중이다. 회사가 추구하는 사명도 범상치 않다. '세상에 오모테나시(손님을 위해 마음으로 최선을 다하는 접객을 의미)를 공유하자'라는 것이다. 이들이 내건 핵심 가치는 단 하나다. '내가 대접받고 싶은 만큼 고객을 대접하라', 즉 황금률이다.

플랜 두 씨는 1993년 일본 도쿄에서 노다 유타카가 설립한 웨딩 서비스 기획사다. 노다는 회사 설립 전 친구의 결혼식 피로연에 참석한 적이 있었다. 하객 1인당 접대비가 6만 엔(약 53만 원)이 넘을 정도로 비싼 곳이었으나, 돌아오는 것은 형편없는 음식과 서비스였던 호텔 수준을 보고 경악했다. 합리적인 가격으로 더 좋은 서비스와 음식을 제공하면 성공할 수 있을 것이라 보고 이 분야에 뛰어들었다.

당시 일본은 버블경제가 한창 꺼지고 있던 시기라 서구식으로 바뀐 화려한 결혼식 역시 들이는 예산에 따른 양극화가 막 시작되고 있었다. 플랜 두 씨는 설립 직후부터 핵심 공략 대상을 양가 부모가 아니라 신랑·신부로 놓고 이들의 눈높이에서 새로운 서비스를 기획했다. 설립 이듬해 업계 최초로 '하우스 웨딩 서비스'를 제공하는 등 눈길을 끌며 사업이 승승장구해 창업 15년이 지나자 일본의 동종업계에서 열 손가락 안에 꼽히는 회사로 성장했다. 사업 무대 역시 일본을 넘어 미국과 베트남, 인도네시아 등으로 발을 뻗어 글로벌 기업으로 발돋움했다.

이들이 성공을 거둔 배경에는 시장이 바뀌는 흐름을 면밀히 파악하고 그에 맞는 맞춤형 서비스를 개발하기 위해 기울인 노력이 있었다. 당시 일본에선 결혼하는 인구와 하객 수 모두 감소하는 추세였으나, 그에 비해 결혼식에 드는 비용은 크게 줄지 않았다. 또 간소한 결혼식 아니면 성대한 결혼식을 원하는 쪽으로 수요가 양극화되는 변화도 있었다. 그래서 이들이 '호텔보다 싼 비용, 그러나 호텔 이상의 서비스'를 제공한다고 나서자 수요가 몰렸다. 이들이 업계에서 일으킨 신선한 돌풍은 일본의 결혼 서비스 업계 전체의 판도를 바꿨다. 호텔이 하드웨어라면 소프트웨어에 해당하는 웨딩·레스토랑 서비스를 시대에 맞추어 새로운 버전으로 잘 업데이트해 접목하면서 업계의 표준을 제시한 것이다.

지금은 일본 굴지의 웨딩 서비스 전문기업으로 성장하며 플랜 두 씨의 라이벌이 된 '테이크 앤 기브 니즈Take and Give Needs'도 이때 두각을 드러냈다. 이 회사는 후발주자로서 시장점유율을 높이기 위해 적극적인 인수합병과 신규 매장 출점에 중점을 둬 매출을 키웠다. 이에 반해 플랜 두 씨는 업계 내부의 경쟁이 치열해지는 상황을 맞아 다른 방식으로 독자적인 돌파구를 열어 보였다.

특히 역사적인 건축물이나 유휴자산 등을 빌려 새로 단장한 뒤, 결혼식장과 고급 식당을 여는 새로운 시도를 선보였다. 건물에 얽힌 역사와 새롭게 가정을 이루는 부부의 사랑을 엮어 스토리텔링을 했다. 1927년 일본 근대 건축의 거장 다케다 고이치가 설계해 탄생한 시마즈 제작소의 옛 교토 사옥에 '포춘 가든'이란 이름을 붙이거나, 교토의 분위기에 걸맞게 100년 전 지어진 목조주택을 개조해 레스토랑과 결혼식·파티 공간으로 변모시킨 사례가 대표적이다.

그러나 무엇보다 돈을 내고 서비스를 받는 손님의 입장에서 이들이 좋은 브랜드로 인식되는 이유는 다른 데 있다. 앞서 말한 '오모테나시'라는 무형의 자산을 아예 확고한 사업 모델로 구축했다는 점, 그리고 이를 실현하기 위해 직원들의 복지와 교육에 투자를 아끼지 않는다는 점이다. 플랜 두 씨는 '일본에서 가장 일하기 좋은 회사'를 뽑을 때 단골로 선정될 만큼 직원들의 만족도가 상당히 높다. 정규직원뿐만 아니라 비정규직원까지 모두 월간 근무시간을 200시간 이내로 한정하고, 웨딩 플래너에겐 보조직원을 고정적으로 붙여 신랑, 신부 여러 팀을 맞아도 효율적으로 응대할 수 있게 했다. 영업이익만 생각하면 결코 바람직하다고 할 수 없는 구조다.

여기에 그치지 않고 이들은 직원이 '고객 입장에서 어떻게 하면 좋을지' 자유롭게 판단하고 대처할 수 있도록 의사결정 경로도 단축했다. 특히 오모테나시를 전파하기 위한 직원 연수는 종류만 20종에 달할 정도로 기본 영업 예절부터 매니지먼트까지 다양하고 세세하게 구성했다. 이들이 교육 및 서비스 개발을 위해 개설한 전용 사이트 '워크디자인 라이브러리'는 자사 직원 연수에만 활용되지 않고 타 업체나 일반인들까지 몰려올 정도로 주목도가 높다.

교토로 출장을 갔을 때, 플랜 두 씨가 운영하는 '포춘 가든'에 점심 예약을 하고 일행들과 함께 방문한 적이 있다. 근무하는 직원들은 저마다 맡은 구역 내 테이블을 지속적으로 응시하면서 손님이 무엇을 필요로 하는지 쉬지 않고 찾았다. 실제로 대접받고 있는 기분이 들다 보니, 음식의 맛은 예상보다 훨씬 더 좋게 다가왔고, 처음엔 비싸다고 생각했던 가격도 결코 비싸게 느껴지지 않았다. 과할 정도로 친절한 일본의 접객 문화에 거부감을 느낀다는 이들도 있지만, 그런 반응까지 고려해 세밀하게 계산해 응대 전략을 마련한 이들의 서비스를 한 번 접해보면 세계적으로 인정받는 이유가 있다는 생각이 든다.

그때 느꼈다. 이들은 기존 비즈니스 세계에서 통용되던 모든 마케팅 전략은 물론 '차별화'가 필요하다고 부르짖는 지겨운 레토릭에 홀로 대항하는, 마치 영화 〈매트릭스The Matrix〉의 '네오'와도 같았다. 오모테나시의 실현을 위해 그저 매일매일 계획Plan하고 실행Do하며 평가See하는 브랜드, 직원 한명 한명이 오모테나시를 더욱 깊이 이해하기 위해 노력하는 브랜드. 이들은 회사의 매출이나 규모를 성장시키는 데 별로 관심이 없는 게 아닐까 싶지만, 이 회사의 매출액은 줄곧 성장세를 유지하고 있다. 어쩌면 그들에게 최고의 마케팅 전략은 손님에게 신경을 쓰는 것, 그것 하나 아닐까?

지금 여러분의 브랜드는 어떤가. 고객을 신경 쓰고 있는가?

고객이 여러분의 브랜드를 사랑할 수밖에 없게 만드는 감동과 정신이 있는가? 물어보고 싶다.

12장

브랜드 프레임 ⑩

디자이너

디자이너 Designer

창의적인 디자인을 단순히 제품에만 적용시키지 않고

고객을 진심으로 존중하는 방향으로 디자인을 사용하며

고객 완전 만족을 이끌어내는 브랜드 프레임

28

르코르뷔지에

LE CORBUSIER

프랑스의 푸아시Poissy는 파리에서 기차로 20분 남짓한 거리에 있는 작은 도시다. 북쪽으론 부르고뉴에서 노르망디를 거쳐 영국해협으로 빠져나가는 센강이 흐르고 남쪽으론 중세부터 왕과 귀족들의 사냥터로 쓰인 생제르맹앙레 숲이 있어 예로부터 별장이 많았다. 1931년 이 도시에 특이하게 생긴 집 한 채가 들어섰다. 가느다란 여러 개의 기둥 위에 직사각형 상자가 아슬아슬하게 얹힌 형태였다. 순백의 외관에 군더더기 없는 형태를 띠고 있어 구조적으로 안정되어 있다곤 하나, 사람들은 장식 하나 없는 이 집을 보고 의아해했다. 푸아시에 있던 기존의 별장이나 작은 수도원과는 확연히 달라 보였기 때문이다.

이 건물의 이름은 빌라 사보아. 현대 건축의 아버지이자 그 스스로가 건축을 대표하는 브랜드가 된 스위스 출신 건축가 르코르뷔지에Le Corbusier의 대표 작품이기도 하다. 그는 철근 콘크리트로 지은 현대주택에 최적화된 건축 디자인과 양식을 정리하면서 새로운 건축의 5원칙을 소개했다. 빌라 사보아는 그가 제창한 이 5가지 원칙, 즉 필로티와 옥상정원, 개방형 평면 공간, 수평 창, 자유롭게 설계한 정면부를 고스란히 적용한 첫 번째 작품이었다.

르코르뷔지에 이전까지만 해도 유럽의 집 대부분은 벽이 건물 무게를 지탱했다. 벽이 두꺼워지는 만큼 집은 튼튼하게 지을 수 있었지만 그만큼 집 안은 협소할 수밖에 없었고, 창문 또한 크게 낼 수 없어 채광 효과를 기대하기가 어려웠다. 르코르뷔지에는 철근 콘크리트로 필로티 기둥을 세워 여기에 하중을 두었다. 그 결과 내력벽이 사라져 자유로운 공간 변화와 확장에 유리해졌다. 건축주가 원하는 대로 벽의 형태나 위치, 소재를 마음대로 쓸 수 있게 되었고, 집 앞으로 자동차가 진입하고 주차할 공간을 마련해 생활에서 누리는 편익도 늘었다.

또 전통주택의 넓은 마당을 옥상정원으로 대체하고 집 내부 계단을 활용한 경사로를 설계에 포함해 지상층부터 옥상까지 자유롭게 연결한 점도 장점으로 꼽힌다. 가로로 길게 낸 수평 창 역시 푸아시의 전원 풍경을 파노라마처럼 연출시켜 여가를 즐기기 위한 별장에 걸맞은 특색을 보였다. "주택은 주거를 위한 기계"라 했던 그의 구상이 마침내 빛을 발휘한 것이다.

르코르뷔지에는 1887년 시계 산업으로 유명한 스위스 서부 산간지방 라쇼드퐁에서 태어났다. 그의 본명은 샤를에두아르 잔레그리 Charles-Edouard Jeanneret-Gris지만 외조부의 이름에서 딴 필명으로 더 널리 알려졌다. 처음엔 실업학교를 다니다 시계 장식가가 되기 위해 옮긴 야간 미술학교에서 그의 재능을 알아본 교사로부터 건축을 배울 것을 권유받았다. 이후 스승과 함께 지역의 빌라 설계에 참여하면서 서서히 건축에 흥미를 붙인 그는 1907년 이탈리아를 여행하고 돌아온 뒤, 대학에 진학해 건축을 배우라는 부모의 요청을 뿌리치고 곧바로 프랑스 파리로 떠났다. 그는 파리에서 유명 학교의 수업을 청강하고 건축사무소를 뛰어다니며 건축에 대해 독학하기 시작했다. 그리고 당시 명성을 얻고 있던 건축가 오귀스트 페레의 눈에 띄어 인턴 자리를 얻었다.

그는 16개월 동안의 인턴 생활을 마치고 1911년부터 독일 드레스덴에서 출발해 발칸반도와 소아시아, 그리스, 이탈리아를 거친 뒤 고향으로 돌아오는 긴 여정을 떠났다. 그는 여러 도시를 둘러보며 건축에 대한 자신만의 신념을 구축했다. 특히 시골집을 보면서 건축은 아름다움을 위해 형태를 왜곡하거나 과도한 장식으로 치장하는 것이 아니라 생활에 필요한 것을 담아야 한다는 생각을 굳히기 시작했다. 또 그리스의 파르테논 신전에서는 건축의 이상을 발견하고 아테네에 머무는 동안 매일 아크로폴리스에 올라 파르테논을 감상했다. 사람을 감동시키고 감각적 기쁨을 행복으로 승화시키는 건축의 새로운 정신을 상상한 것이다.

이후 스위스로 돌아가 건축 이론을 세우는 데 골몰한 그는 여행 중 만난 시골집의 간결한 구조와 파르테논 신전의 기하학적 형태를 바탕으로 주택을 효율적으로 짓기 위한 공법을 찾는 데 천착했다. 그 결과 집을 의미하는 라틴어 '도무스'와 혁신을 의미하는 '이노베이션'을 조합한 '돔이노Dom-Inno 시스템'이 완성됐다. 이를 바탕으로 그는 건축사무소를 개업한 지 2년 만인 1922년 프랑스의 대표적 미술대전인 살롱 도톤에 현대적인 도시계획안을 출품하면서 이름을 알렸다. 파리 구도심에 교통센터를 포함한 복합 터미널을 갖춘 30층 이상의 고층 빌딩을 세우고, 수직형 건물 덕에 절약한 대지엔 숲을 조성한다는 등의 계획이었다. 공공기관과 외곽부 공동주택까지 더하면 300만 명을 수용할 수 있게 규격화된 건축을 새로운 비전으로 제시한 것이다.

한 인물을 건축을 대표하는 브랜드로 소개한 까닭은, 브랜드 역시 사상과 행동이 일치했을 때 비로소 드러나는 무형의 가치이자 산물로 볼 수 있기 때문이다. 르코르뷔지에는 건축가인 동시에 이론가이자 철학자로 평가받는다. 그는 건축 철학과 이론을 정리하고 오랜 실험과 분석을 통해 완벽한 조화를 찾아냈다. 이를 통해 내린 결론으로 집을 규격화한다는 새로운 개념을 제시했다. 또한 시대 상황에 따라 변화하는 주거 문제에 대해 다양한 상상력을 가미한 적극적인 해결책을 내며 사회에 활력을 불러일으키기도 했다.

그가 남긴 유산은 건축을 중심으로 다양한 분야에 걸쳐 남아 있다. 사람의 키를 기준으로 '모뒬로르modulor'라는 표준화된 치수를 개발해 정확한 치수와 비례를 바탕으로 공간을 설계할 수 있게 했고, 자신의 도시 계획안을 지속적으로 개선해 나간 결과, 현대식 아파트의 효시로 평가받는 마르세유의 '위니테 다비타시옹'을 선보였다. 학교와 상점, 약국 등 편의시설을 구비한 이 주거단지 역시 모뒬로르를 활용해 동선을 고려해 설계했다.

나아가 그에게는 우수한 브랜드라면 마땅히 가졌을 법한 스토리도 있다. 건축을 학교에서 정식으로 공부하지 않은 이 건축가는 자신의 건축 여행을 자격증을 대신하는 징표이자 부족한 부분을 메우는 모험과 수련으로 인식했다. 그는 현재 최고의 건축가로 평가받지만, 당시에도 결코 완벽하지 않았고 다양한 비판을 받는 결점도 지니고 있었다. 하지만 이러한 결점을 스스로 극복하고 성장을 위한 목표로 바꾼 뒤, 혹독한 시련을 거쳐 결국엔 최고의 건축가 반열에 오르게 되었다. 도전과 실패, 시련과 승리와 같은 신화 같은 삶의 매력이 그 자신을 하나의 브랜드로 만들어낸 것이다.

르코르뷔지에는 말년을 지중해 인근 별장에서 보내다 1965년 수영을 하러 들어간 물속에서 심장마비로 사망했다. 당시 프랑스의 문화부 장관이던 앙드레 말로가 그의 장례식을 루브르궁에서 성대하게 치를 수 있게 도왔다. 자신의 주장대로 '주거를 위한 기계'를 만들기 위해 기계처럼 앞으로 나아가기만 했던 삶이었기에, 르코르뷔지에가 줄곧 우익 성향을 보였음에도 미국은 물론 치열한 냉전의 한 축이던 소련까지 그의 죽음을 애도하는 성명을 냈을 정도였다. 이처럼 완벽하게 소멸했지만 여전히 가슴에 남아 있는 브랜드가 또 있을까. 물론 그의 16개 건축물이 유네스코에 등재되어 여전히 살아 숨 쉬고 있지만 말이다.

29

샌프란시스코 마켓

SAN FRANCISCO MARKET

2014년 글로벌 패션 기업인 폴로 랄프로렌은 미국 뉴욕의 플래그십 스토어에 새로운 브랜드를 선보였다. 그런데 의류와 관련된 것이 아니라 커피 전문점이었다. 이미 주류 전문점인 '폴로 바'와 일반음식점인 'RL 레스토랑'을 열었던 것에 이어 패션과 외식 서비스를 접목한 새로운 산업을 일으키려는 시도였다.

이와 비슷한 다른 사례도 있다. 캐나다 토론토에서 시작한 패션 기업 클럽 모나코의 뉴욕 매장에 들어가면 커피숍과 꽃집, 서점이 매장 속 매장 형태로 입점 돼 있다. 또한 자사에서 만든 상품 말고도 샤넬 핸드백, 롤렉스 시계 등 상징적인 명품 브랜드의 상품을 비롯해 일본 디자이너의 양말, 이탈리아 가죽 장인

이 만든 액세서리 등 자사의 의류와 어울리는 제품까지 디자이너가 직접 선별해 추천한다. 고객에게 패션을 한 번에 완성할 수 있는 공간을 제공한다는 취지에서다.

패션 산업이 다양한 산업을 흡수하고 이용하면서 꾸준히 새로운 원동력을 창출하는 이유는 무엇일까? 포스트 디지털 시대의 도래, 고객 구매 패턴의 변화 등 여러 이유가 있지만 크게 한 가지로 귀결시킬 수 있다. 바로 '패스트패션'으로 총칭되는 스파SPA 브랜드의 집중 공세에 대응하기 위해서다.

패스트패션은 최신 유행을 반영해 저가의 의류 상품을 짧은 주기로 대량 생산해서 판매하는 패션 브랜드를 뜻한다. 의류 기획·생산·유통·판매 등 전 과정을 제조회사가 맡아 가격 거품을 없앤 것이 특징이다. 특히 글로벌 금융 위기 이후 세계적인 저성장 기조가 장기화하면서 일종의 가치소비를 위해 가성비를 따지기 시작한 고객에게 주목받게 되었다. 또한 고객이 점차 단순히 값이 싼 물건만을 추구하는 것에서 벗어난 소비 패턴을 보이자, 여러 패션 디자이너와 협업하고 품질 개선에도 주력하면서 패션 산업에서 중요한 위치를 차지하게 되었다.

스파 브랜드들의 전투적인 공세에 맞서 여러 패션 기업도 잇달아 자구책을 마련하기 시작했다. 세컨드 브랜드를 내세워 스파 브랜드의 전략에 맞불을 놓기도 했고, 제품 생산 방식을 다품종 소량생산 체제로 전환하는 등 투트랙 전략을 진행하면서 시장을 더욱 세분화하기에 이르렀다. 그리고 자사의 여러 브랜드를 한데 모아 판매하는 공간인 플래그십 스토어나 재고상품을 모아 판매하는 상설 할인매장 등을 운영하기도 했다.

그러나 한계가 있었다. 바로 고객의 가치 소비 기준이 변한 것이다. 이제 고객은 아무리 디자인이 좋은 옷이라도 상품에 얽힌 스토리나 구입할 때의 만족스러운 서비스가 없다면 그저 디자인만 좋은 옷으로 치부한다. 고객이 가치를 두는 기준이 진정한 의미에서의 만족감을 추구하는 쪽으로 바뀌면서 단지 가격을 낮추거나 대형매장을 운영하는 방식만으론 고객의 지갑을 열지 못하게 된 것이다.

그 결과 편집매장(셀렉트숍)이 본격적으로 등장하기 시작했다. 앞서 언급했던 폴로 랄프로렌과 클럽 모나코 역시 의류 전문점에서 셀렉트숍의 범주로 진화시킨 대표적인 예다. 패션 기업들은 새로운 가치 소비를 이끌어내기 위해 신중하게 고민한 끝에 무엇보다 산업화된 패션을 다시금 공예의 측면으로 되돌리는 방향을 모색했다. 사람의 마음을 설레게 하고 아름다운 상상력을 만드는 패션의 본질로 돌아간 것이다. 또 패션 디자이너가 만든 '개성'이 고객에게도 '매력'이 될 수 있도록 오랫동안 소중하게 입을 방법도 전했다.

사실 셀렉트숍이라는 단어가 등장하기 이전에도 여러 나라의 브랜드 의류를 바이어의 감각적인 능력으로 골라 놓은 매장은 이미 존재했다. 국내의 사정은 어땠을까? 다른 국가들보다 다소 느린 감은 있지만 '샌프란시스코 마켓'이 등장하며 국내 셀렉트숍의 새로운 표준이 마련됐다. 샌프란시스코 마켓은 '이탈리아 사람의 시각으로 바라본 아메리칸 캐주얼 스타일'이라는 독특한 콘셉트로 2006년 서울에서 시작된 남성 패션 전문 셀렉트숍이다. 이탈리아에서 디자인을 전공한 한태민 대표는 이탈리아 브랜드 의류를 중심으로 세계 각국의 다양한 브랜드 상품을 취급하는 한편, 2013년부터 '이스트 하버 서플러스', 'TBRM'이라는 오리지널 브랜드도 선보이며 선진성과 독창성의 균형을 중시하는 셀렉트숍을 운영하고 있다.

특히 이스트 하버 서플러스는 원단 수급과 패턴 연구, 샘플 제작 등에 이르기까지 모두 이탈리아에서 진행하는 점이 특징이다. 해외 비즈니스를 위한 쇼룸도 이탈리아에 열어놓고 이탈리아 남성복 박람회에 참가해 해외 각국의 셀렉트숍에 입점하고 있다. 한국 사람이 만든 '메이드 인 이탈리아'라는 제품이 호기심을 끈 데다 디자이너가 직접 판매까지 하는 독특한 운영체제가 해외 바이어의 입맛을 사로잡은 셈이다.

그러나 샌프란시스코 마켓이 국내 셀렉트숍의 표준이 된 이유는 오리지널 상품 라인을 형성했다거나, 정점에 있는 브랜드만 엄선해 판매한 점에 있지 않다. 만약 브랜드만 보고 상품을 구매한다면 셀렉트숍이 아니라 백화점에 가는 것이 고객 입장에서는 훨씬 유리하다. 샌프란시스코 마켓은 고객에게 필요한 상품뿐만 아니라 고객이 자신의 취향을 정확히 깨달을 수 있는 정보를 함께 제공한다. 이것이 성공 비결이 되었다. 나아가 최신 유행에서 벗어나 가까운 미래에 고객이 요구할 것들을 먼저 제안하는 방식도 주효했다.

다시 말해 '멋진 패션 브랜드 의류'를 취급하기보다는 '멋진 사람이 되기 위한 고객의 안목'을 디자인하는 기회를 제안하고 있는 것이다. 이는 매장 곳곳에 진열된 상품만 봐도 알 수 있다. 단순히 상품을 선택해 나열하는 방식이 아닌 고객의 관점에서 명확하게 구분된 콘셉트에 따라 자신의 안목을 돌아볼 수 있도록 하고 있다. 안목이 왜 중요할까? 유명 브랜드의 옷을 입고 멋진 자동차를 타며 세련되게 꾸민 집에서 산다고 해도 막상 어떤 게 좋은 것인지 몰라보고 직접 고를 수 없는 사람은 막대한 돈을 들여 포장한 가치를 스스로가 알아보지 못하기 때문이다. 무엇이든 구매할 수 있는 금전적인 여유와 자신만의 독특한 관점에서 좋은 상품을 고르는 안목은 분명 다르다.

샌프란시스코 마켓은 그런 점에서 뛰어난 패션 감각이란 무엇인지, 자신만의 매력을 뽐낼 수 있는 스타일이란 무엇인지를 재조명할 수 있는 공간을 국내 고객에게 처음으로 제안하면서 안목을 디자인할 기회를 열어주었다. 이 점 하나로 그저 '맨 처음'이기만 했더라면 의미 없었을 '국내 최초'라는 수식어에 자신만의 가치를 더해 각인된 브랜드를 넘어 디자이너의 반열에 오른 것이다.

30

누텔라

NUTELLA

일본의 깃코만Kikkoman은 세계에서 가장 큰 간장 양조업체다. 창업 100년이 넘는 이 회사는 일본 간장 시장에서 부동의 1위를 지키는 것은 물론이고, 전 세계에 걸쳐 24개가 넘는 나라에 현지법인을 세운 글로벌 기업이다. 2023년 기준 연간 매출액이 4,948억 엔(약 4조4,000억 원)에 달한다.

그런데 깃코만의 성공을 이끈 아이콘은 별다른 것이 아니다. 바로 빨간 뚜껑을 단 투명한 눈물방울 모양의 간장 용기다. 1961년 출시된 이래 4억 병 이상 팔린 이 식탁용 간장 용기는 지금까지 한 번도 변하지 않고 디자인을 유지해 왔다. 단순하고 기능적이며 눈에 잘 띄는 디자인의 대명사로 자리 잡은 이 병은

말 그대로 "간장을 부엌에서 식탁으로 가져왔다"라는 평가를 받았다.

이 간장 용기를 디자인한 사람은 도쿄와 일본 북부를 연결하는 코마치 신칸센 등을 디자인한 에쿠안 겐지榮久庵憲司다. 그는 어린 시절 어머니가 간장을 붓던 기억을 떠올리면서 100개 이상의 원형을 만들어 시행착오를 거쳤다. 상징적인 면과 기능적인 면 모두를 잡은 이 디자인은 뉴욕 현대미술관MoMA의 컬렉션에도 포함될 정도로 단순한 간장을 넘어 간장을 상징하는 아이콘이자 차별화된 스타일의 본보기가 되었다.

오늘날 수많은 브랜드가 깃코만의 식탁용 간장병처럼 차별적인 스타일을 추구하고 있다. 고객에게 다가가기 위해선 남들과 다른 무언가를 지니고 있어야 한다는 불변의 원칙을 깨달은 것이다. 그래서 어떤 브랜드는 스토리텔링을 통해 자신들의 이야기와 철학을 디자인에 접목하기도 하고, 또 다른 브랜드는 최신의 유행을 닥치는 대로 차용하기도 한다. 물론 이런 방법도 수많은 경쟁 제품이 넘쳐흐르는 시장에서 두각을 나타내는 하나의 좋은 수단이 될 순 있다. 그러나 이것이 목표가 될 수는 없다. 오랜 시간 갈고 닦아 모방할 수 없는 가치를 먼저 만들어야 한다.

‘누텔라nutella’를 먹어보았는가? 헤이즐넛과 코코아 등 총 7가지 원료를 더해 만든 중독성 강한 악마의 맛, 바삭한 토스트 위에 발라 먹으면 영혼을 일깨우는 맛, 남녀노소 모두가 좋아하는 세대를 아우르는 맛. 누텔라를 표현하는 흔한 수사들이다. ‘페레로 로쉐’나 ‘킨더’ 등 초콜릿과 각종 제과류를 제조·판매하는 글로벌 기업 페레로 그룹이 소유하고 있는 유명한 코코아 스프레드 브랜드가 바로 이 누텔라다.

1946년 이탈리아 북부의 작은 도시 알바에서 작은 제과점을 운영하던 피에트로 페레로는 누텔라의 전신인 ‘잔두야’를 탄생시켰다. 잔두야는 잘라서 빵에 발라 먹을 수 있도록 식빵 모양으로 만들어졌는데, 당시 지역에서 유명했던 축제의 마스코트 가운데 하나를 본떠 출시했다. 영양 성분도 초콜릿과 거의 비슷했고, 맛 또한 좋았기 때문에 제2차 세계대전 이후 코코아 물량이 부족한 상황에서 아주 극소량의 코코아를 헤이즐넛, 설탕과 함께 배합한 잔두야는 인기가 좋았다. 그해 5월 피에트로 페레로는 동생 지오반니 페레로와 함께 공장을 세우면서 공식적으로 회사를 출범시켰다.

전신인 잔두야를 바탕으로 빵에 바르는 크림 형태로 진화시킨 시도는 3년 뒤 시작됐다. 더운 여름, 페레로의 직원들은 고형이었던 잔두야가 열기에 녹아내리는 것을 막으려 심혈을 기울였지만 역부족이었다. 그러다 결국 녹아내린 잔두야를 그냥 빵에 발라 먹으면 어떨까 하고 발상을 전환했다. 이후 창업자의 아들인 미켈레 페레로가 미국 음식 전문지에서 알게 된 레시피를 통해 레시틴을 추가로 첨가하면서 부드러운 크림 형태로 만드는 데 성공했다. 이렇게 크림 형태로 만든 제품은 '수페르크레마'라는 이름을 달고 처음부터 가정에서 여러 가지 용도로 활용할 수 있도록 다양한 용기에 담아 판매됐다.

수페르크레마의 인기는 날로 높아졌다. 그러면서 자연스럽게 경쟁자들도 많아졌다. 1957년 페레로는 또 한 번 중요한 판단을 내렸다. 바로 코코아의 대용물이 아니라 진짜 코코아와 코코아 버터를 더 많이 사용해 제품의 품질을 향상하기로 한 것이다. 그리고 그와 더불어 좋은 품질의 제품을 만드는 것뿐만 아니라 고객과의 소통을 위해 브랜드 이름을 짓는 일부터 로고와 패키지 디자인까지 감각적으로 진행하겠다는 전략을 세웠다.

그 결과 마침내 1964년 누텔라라는 새로운 브랜드가 세상에 나왔다. 수페르크레마를 대체한 이 브랜드 이름은 헤이즐넛을 뜻하는 영어 '너트Nut'에 '엘라Ella'라는 여성 이름을 접미사로 붙여 만들었다. 브랜드 이름이 정해지자 페레로는 곧바로 로고 및 패키지 디자인에 착수했다. 의뢰를 받은 전문 디자이너들은 로고에 쓸 서체로 '헬베티카' 미디엄 폰트를 선택했고, 잘 구운 빵에 선명한 갈색의 누텔라 크림이 발린 그림을 넣었다. 현재까지

한 번도 변하지 않은 라벨 디자인이 만들어진 것이다.

시대가 흐르면서 용기 디자인에도 변화를 줬다. 누텔라는 초기 14가지 유형의 서로 다른 용기에 담아 팔리면서 한동안 다양한 용기 덕에 인기를 끌기도 했다. 하지만 결국 제품의 정체성을 정립하는 데 한계가 있다는 판단 아래 숟가락이나 나이프로 크림을 퍼내기 좋은 각도까지 고려해 주둥이가 넓은 '펠리컨 자Pelikan Jar'라는 용기를 개발하고 표준화했다. 사실 출시 초반에는 펠리컨 자의 인기가 그다지 좋지 못했으나 오늘날에 와선 펠리컨 자 용기에 담긴 누텔라 자체가 상징적인 아이콘이 되었을 정도로 고객들의 뇌리에 깊이 자리 잡았다.

이들의 성공은 3가지 요소가 유기적으로 결합했기 때문에 가능했다. 먼저 고객은 잘 구운 빵 위에 선명한 갈색 누텔라 크림을 바른 그림과 함께 한 번도 변하지 않는 믿음직한 로고 디자인을 보며 기대를 품게 된다. 그러고 나서 펠리컨 자라고 부르는 용기가 주는 상징적 경험, 즉 흰색 뚜껑을 열면 모습이 드러나는 금박의 덮개를 뜯고 크림을 떠서 갓 구운 빵에 발라먹는 즐거운 상상이 실현되기에 이른다. 마침내 헤이즐넛과 코코아의 맛을 그대로 살리면서 7가지 원료를 배합해 독특한 질감과 더욱 진한 풍미를 살린 이 크림의 맛을 느끼면 로고와 용기 그리고 제품의 맛까지 한꺼번에 각인된다.

놀라운 사실은 오늘날 상징적인 아이콘이자 차별적인 스타일의 대표적 사례로 자리 잡은 누텔라의 이 모든 점이 창업 후 20년 만에 나왔다는 것이다. 누텔라는 브랜드의 성공이 단순히 스토리텔링이나 유행에 따라 나오는 것이 아니라는 사실을 증명했다. 모방할 수 없는 가치를 독창적이면서도 지속적인 디자인과 결합하는 끊임없는 노력이 뒤따를 때, 비로소 브랜드는 한 단계 더 높은 명성을 얻게 된다.

13장

브랜드의 진실

THIS IS BRANDING

01

당신의 브랜드가 안되는 이유

왜 당신의 브랜드는 경쟁력이 없는가?

하버드대학교 경영대학원 문영미 교수는 2011년에 국내 발매된 《디퍼런트》라는 책에서 차별화에 대한 진실을 자신의 경험담을 예로 들어 설명했다.

문영미 교수는 수업 시간에 학생들이 좀 더 적극적으로 수업에 참여하도록 만들기 위해 학기 중간 즈음에 학생들에게 중간 평가점수를 알려주는 방법을 선택했다. 얼마 지나지 않아 학생 한 명이 찾아와 자신이 가장 낮은 점수를 받은 과목의 성적을 끌어올릴 수 있는 방법에 관해서 물었다. 이후 학생들이 제출한 과제나 수업 중의 토론 내용을 바탕으로 깨닫게 된 것이 있다고 했다. 대부분의 학생이 중간 성적표를 받은 이후로, 자신의 약점을 보완하는 데 집중하고 있었다는 점이다. 결과적으로 수업 시간은 갈수록 흥미가 떨어졌다고 한다.

그녀는 이러한 현상, 즉 자신의 약점을 보완하기에 급급한 현실이 기업에서도 똑같이 적용되고 있다고 역설했다. 기업도 자신의 강점을 보여주기에 주력하기보단 단순히 제품이나 서비스의 확장, 고객의 평가에 의한 개선책만 찾고 있다는 것을 지적했다. 고객 조사를 통해 드러나는 것은 오직 자신들이 상대적으로 가지고 있지 못한 특성들에 대한 지적일 텐데 그것을 모두 포용하고자 하니 결국 경쟁력을 갖출 수 없다는 의미다.

애플스토어의 경쟁력은 어디에서 나오는가?

애플이 오프라인 스토어 오픈을 결정했을 때, 외부에서는 회의적인 시각이 많았다. 그러나 당시 스티브 잡스는 예정대로 강행했고 지금은 모두 다 알고 있다시피 전 세계에서 단위면적당 가장 많은 매출을 기록하고 있다.

애플스토어는 체험으로 경험하는 스페이스 브랜딩의 성공 사례로 꼽힌다. 즉 공간 체험이 자극이 되어 감성적인 즐거움과 이성적인 신뢰감이라는 경험으로 축적되어 소비로 이어진다는 뜻이다. 나는 여기에 더해 '계산대에 대기 줄이 없다는 것'과 '직원들의 친절한 환대'를 덧붙이고 싶다.

애플 스토어는 모든 직원이 계산 담당자다. 그들은 카드 리더기가 부착된 아이팟 터치로 결제를 도와주고 계산을 기다리는 동안 영수증은 이메일로 발행되며, 그 사이 고객은 직원과 함께 다른 기기나 액세서리를 구경하면서 정보를 공유한다. 마치 직원 모두가 퍼스널 쇼퍼의 역할을 하고 있는 것 같다. 애플은 고객에게 신경을 쓰면서 정서적인 감정을 자극시켜 '이 브랜드가 나를 진심으로 대하고 있구나' 느끼게 만들고 있다. 최고의 브랜딩 전략이 아닐 수 없다.

당신의 브랜드가 경쟁력을 갖추기 위해 먼저 해야 할 일은 무엇인가?

나는 가끔 미국의 파네라 브레드Panera Bread의 사례를 언급하면서 브랜드 전략을 갖추기 이전에 필요한 핵심 가치에 대해 이야기를 하고는 한다. 나는 그들처럼 고객을 먼저 생각하는 브랜드를 본 적이 없다. 파네라 브레드는 1987년 미국 미주리주에서 처음 설립되어 미국과 캐나다에만 2,000개 이상의 지점을 보유하고 있다. 약 10만 명의 직원이 연간 3조 원에 달하는 매출을 올리고 있다.

파네라 브레드는 방목 달걀과 100% 무항생제 닭·돼지고기만 사용하고 인공 재료와 방부제를 사용하지 않는 원칙을 지킨다. 고객 건강을 위해 깨끗하고 품질을 관리하는 건강한 패스트푸드 전문점을 표방하며 품질 개선을 위한 다양한 노력을 하고 있는 것으로 정평이 나 있다.

그러나 파네라 브레드가 고객으로부터 사랑받는 브랜드로 인정받는 이유는 따로 있다. 바로 지역 사회 문제 해결에 적극적으로 나서는 등 기업의 사회적 책임을 중요시하기 때문이다. 특히 미국 패스트푸드 업체 중 최초로 하루 동안 판매되고 남은 빵을 푸드뱅크와 노숙인 쉼터에 기부한 데서 시작한 '파네라 케어스' 정책은 비록 중단되고 말았지만, 이들이 지향하는 친절이라는 기업문화를 고스란히 보여주었다.

2010년 설립자이자 CEO였던 로널드 셰이크는 푸드뱅크에서 봉사활동을 하던 중 미국에서 7가구 중 1가구꼴로 경제적인 이유로 끼니 해결에 어려움을 겪는다는 사실을 알게 됐다. 그는 비영리법인으로 운영되는 파네라 브레드 재단을 통해 파네라 케어스를 시작하면서 시카고, 보스턴 등 대도시에 해당 정책을 실현할 매장을 열었다. 파네라 케어스는 크게 2가지 정책으로 운영되었는데, 첫째는 원래의 값보다 더 내는 사람이든 덜 내는 사람이든 자신이 원하는 만큼만 값을 치를 수 있게 한 것이다. 고객이 차림표에 적힌 가격 이상을 지불하면 그 차액을 어려운 이웃들의 식대로 지원했고, 반대로 공짜로 식사를 받아가거나 적은 돈만 내는 것도 가능했다.

두 번째는 식사 비용을 지불하기 힘든 사람들이 한 시간 동안 카페에서 자원봉사를 하고 식원을 얻어 식사할 수 있도록 하는 식이었다. 식사를 대접받는 이들 역시 노동을 통해 자신의 권리를 당당히 누릴 수 있는 선순환 구조를 만들어 지역 사회에서 구성원들의 관계 개선을 꾀한 것이다. 더 많은 돈을 내는 고객들도 단순한 기부에 그치지 않고 자발적인 참여로 어려움을 겪고 있는 사람들과 공감대를 형성할 수 있었다.

그러나 문제도 있었다. 원하는 만큼 지불하는 방식을 유지하다 보니 예상보다 많은 사람이 제시된 가격보다 적게 지불했다. 그리고 무료 식사를 위해 매장에서 근무하는 사람 중 일부 노숙인들의 복장이나 행태가 다른 손님들에게 불쾌감을 일으키기도 했다. 이런 문제가 누적되면서 파네라 케어스는 2019년 2월 보스턴에 남은 마지막 매장이 철수하는 것을 끝으로 아쉽게 막을 내렸다.

그럼에도 이들의 선한 취지와 행동은 고객에게 큰 반향을 불렀다. '남에게 대접받기 원하는 대로 남을 대접하라'라는 황금률을 실천하는 파네라 브레드의 선한 이미지는 점차 더 굳어졌고, 작은 친절과 배려는 이들의 정체성으로 유지되었다. 비록 실패로 끝났지만 기업이 사회에 공헌하는 취지의 새로운 비즈니스 모델을 구축하는 것은 큰 의미가 있다. 특히 품질과 맛, 친절한 서비스가 모두 갖춰진 브랜드는 이처럼 선한 의지가 더해지면서 고객 경험을 완성하는 궁극의 관계를 맺을 수 있게 된다.

이 브랜드의 소소한 일화들이 널리 파급되는 것도 이러한 배경이 있기 때문에 가능했다. SNS를 통해 알려진 이들의 미담 중 임종을 앞둔 할머니를 위해 파네라 브레드 매장 직원이 선의를 보인 사연은 유명하다. 파네라 브레드의 샌드위치를 먹고 싶다는 할머니의 말을 들은 손자가 매장에 들렀지만 남아 있는 샌드위치가 없어 점원에게 자초지종을 설명했다. 그러자 점원은 즉석에서 샌드위치를 만들어준 것은 물론 앞으로 할머니가 원할 때마다 언제든 무료로 만들어준다고 약속했다. 이러한 사연들은 한 기업이 얼마나 지역 사회를 위해 노력하고 있는지를 보여주는 지표가 된다. 그리고 그 결과는 수치로도 나타난다. 파네라 브레드는 2000년부터 2010년까지 미국 대표 주가지수 중 하나인 러셀 1000지수에 속하는 기업 중 가장 수익률이 높은 기업이었다.

02

더 나은 브랜드가 되기 위해 선택하라

블루보틀 커피가 호텔을 오픈한다면?

블루보틀의 호텔을 한번 떠올려 보라. 어떤 모습을 갖추고 있을 것인지 충분히 상상 가능하다. 파타고니아가 오픈한 식당도 마찬가지다. 레드불이 운영하는 쇼핑몰, 스타벅스가 운영하는 은행은 또 어떤가? 분명 고객들은 열광하며 이들이 운영하는 호텔과 식당과 쇼핑몰과 은행에 앞다퉈 방문할 것이다. 이들은 찾아온 고객을 진심으로 대하면서 명확하고 강력한 자신들의 의도를 전할 것이다. 그것이 바로 브랜드다.

지금까지 설명한 브랜드 프레임 10가지에 당신의 브랜드가 갈 지름길이 보이는가? 만약 당신의 브랜드가 브랜드 프레임 10가지 중 한 가지에 속한다면 그 브랜드 프레임 속 3개의 브랜드 중 하나를 정해 그들이 가는 방식을 더 깊이 바라보고 이해하자. 그리고 당신의 브랜드가 고객에게 어떤 약속을 할 수 있는지 정하고 이를 지키기 위해 끊임없이 결과물을 만들어보자. 당장 완벽하지 않아도 좋다. 계속 노력하면서 지금보다 더 낫게 만들면 된다.

아직 당신의 브랜드가 속해야 할 브랜드 프레임을 찾지 못했어도 체념하지 마라. 차차 정하면 된다. 당신의 브랜드가 꿈꾸는 목적과 비전을 상기시키고 시장에서 당신의 브랜드를 차별화시킬 수 있는 가치에 대해 고민하고 고객에게 전해주고 싶은 스토리, 태도, 목표 등을 명확하게 만들어보자. 트렌드를 살피고 변화의 흐름을 찾아 고객에게 신경을 쓸 수 있는 기회를 찾아보자. 마지막으로 새로운 4P 전략을 기반으로 당신의 브랜드가 지속적으로 생산적인 자세를 유지할 수 있도록 하자. 그렇다면 반드시 당신의 브랜드가 원하는 브랜드 프레임을 선택할 수 있을 것이다.

나가며

브랜드, 제대로 알고 만들 때가 되었다

고객의 삶과 가치관을 나타내는 척도가 된 상품

2018년에 한 대학에서 브랜드 디자인 수업을 진행한 적이 있다. 그때 학생들에게 질문을 하나 던졌다. 말 그대로 빈사 상태까지 몰렸다가 재기에 성공한 애플의 사례를 언급하면서 "애플과 마이크로소프트를 떠올리면 어떤 생각이 드는가?"라고 물은 것이다. 학생 대부분은 마이크로소프트에 관해선 '세계에서 가장 부유한 기업', '윈도', '빌 게이츠' 등을 언급했다. 반대로 애플에 관해선 '독특하고 창의적이며 굉장히 멋진 브랜드'라는 답이 지배적이었다.

한 학생에게 왜 그렇게 생각하는지 물었다. 그는 애플에서는 단순히 유려한 디자인과 사용자 친화적인 인터페이스만을 제공하는 것이 아니라 모든 면에서 다르게 생각하고 현실에 도전하는 모습이 비친다고 답했다. 또 자신이 애플의 제품을 사용할 때도 그런 창의적인 면모를 닮을 수 있다는 기대감이 든다고 답했다. 비단 이 학생뿐만 아니라 다른 학생들의 대답도 비슷했다. 한마디로 애플은 깊이가 느껴지는 영적인 존재와 같았다. 반대로 마이크로소프트에 대한 이미지는 크고 대단한 회사인 것은 분명하나, 애플만큼의 깊이는 없다는 대답이 일관됐다.

이 일화는 중요한 시사점을 던진다. 오늘날 상품은 그저 필요하므로 존재하는 것을 넘어 그 상품을 소유한 사람의 삶과 가치관을 나타내는 척도가 됐다는 사실이다. 따라서 고객의 관심도 얼마나 고가의 상품을 구매할 수 있는지가 아니라 어떻게 상품을 효율적으로 구매하고 활용할 수 있는 지로 변하고 있다. 또한 고객들은 상품 이면의 가치에까지 주목하게 됐다. 즉 상품의 기능, 디자인, 재미 등 눈에 보이지 않게 만족도를 높이는 지점에 대한 관심이 고조되면서, 브랜드가 얼마나 다양한 활동을 선보이는가가 구매의 척도가 되었다는 뜻이다. 고객은 이제 남에게 보여주기 위한 과시 대신 자신의 정체성과 취향에 대한 물음을 던지게 된다.

이런 상황에서 브랜드가 나쁜 짓을 하게 되면 어떨까? 고객이 원하는 대답을 제공하지 못하고 고객의 정체성과 취향을 무너뜨리는 브랜드는 어떻게 될까?

케이스 스터디: 아메리칸 어패럴

고객이 원하는 대답을 제공하지 못한 브랜드의 종말
노이즈 마케팅과 안티패션 이미지로 주목받은 브랜드

1989년 패션업계의 판도를 뒤흔들며 등장한 브랜드가 있었다. 티셔츠와 니트 등의 기본적인 캐주얼웨어를 중심으로 기획, 생산, 유통을 통합적으로 운영해 오늘날의 스파 브랜드 개념을 처음 적용했던 '아메리칸 어패럴American Apparel'이다. 창업자 도브 차니는 대학교 기숙사 방에서 '미국에서 제조한 티셔츠를 캐나다로 수출한다'라는 단순한 아이디어로 창업을 결심했다. 아메리칸 어패럴은 창업한 지 10년 만에 직원 수는 5,000명에 달했고, 매장 수는 전 세계에서 250곳이 넘을 정도로 성장해 미국에서 가장 큰 티셔츠 제조업체가 됐다. 한국에도 2003년 명동 1호점을 필두로 압구정, 부산 등지에 매장을 냈고 이듬해 연간 매출이 57억 원에 이르는 등 성공을 거뒀다.

아메리칸 어패럴은 여러모로 독특했다. 당시 많은 기업이 저렴한 인건비를 찾아 해외로 눈을 돌릴 무렵, 이들은 '메이드 인 다운타운'을 표방했다. 미국 로스엔젤레스에 공장을 짓고 아시아나 라틴 아메리카에서 온 이민자를 고용해 업계 통상 임금의 2배를 지급했다. 이는 '옷을 만드는 사람이 행복해야 비로소 옷을 입는 사람도 행복할 수 있다'라는 창업자 도브 차니의 사명감 때문이었다. 또한 옷을 제조하면서 나오는 쓰레기를 최소화하기 위해 다양한 소재를 재활용했고, 에너지 절약 차원에서 태양열 설비를 구축하는 데도 앞장서는 등 친환경 기업의 면모도 선보였다. 무엇보다 이들이 세계의 이목을 집중시키며 논란의 중심에 서게 된 데는 파격적인 광고 전략이 큰 역할을 했다.

2000년대 후반부터 이들의 광고는 전통적인 패션 광고보다는 마치 〈플레이보이〉 잡지의 광고처럼 보일 정도로 선정적으로 바뀌었다. 속옷도 채 입지 않은 여성 모델들이 등장하는가 하면 미성년처럼 보이는 모델을 성적 대상으로 느낌법하게 촬영한 노골적인 사진들이 등장했다. 매출은 지속적으로 증가했지만, 선정적인 광고는 고객의 입방아에 오르기 시작했다. 고객은 아메리칸 어패럴에 대해 언급할 때 더 이상 옷의 품질이나 직원 복지, 친환경 제조 환경 등을 말하지 않았다.

그래서 이 브랜드의 이야기는 결과적으로 실패에 관한 이야기다. 실패의 정점을 찍은, 사회적으로 경악할 만한 수준의 오너 리스크가 브랜드의 내리막 경사를 더욱 가파르게 만들었기 때문이다. 창업자 도브 차니는 2007년 당시 고등학생이었던 자사의 여성 직원에게 수차례에 걸쳐 성폭행을 일삼았다는 등의 혐의로 소송에 휘말렸다. 이전부터 여러 차례 성폭행 의혹이 제기됐지만, 이 사건이 결정적이었다. 또 도브 차니는 속옷만 입은 채 공장을 돌아다니거나 회의를 주재한 사실도 드러나 여론의 뭇매를 맞았다.

선정적인 광고가 한편으로 심어줬던 대담한 브랜드 이미지는 창업자의 성폭행 사건 때문에 추악한 이미지로 급변했다. 최신 트렌드를 따르는 이들의 패션은 고객들에게 관심을 끌지 못하기 시작했고, 자라나 H&M 같은 후발 스파 브랜드의 파상공세로 인해 경쟁력을 상실했다. 결국 도브 차니는 2014년 자신이 창업한 회사에서 쫓겨났고, 아메리칸 어패럴은 2015년 10월 파산했다. 과감한 노이즈 마케팅 전략과 안티패션 브랜드 이미지로 초기에 빠르게 주목을 받았던 이들이었지만, 결국 짧은 유행으로 끝나고 말았다.

사실 아메리칸 어패럴은 당시의 마케팅 성공 방정식을 과감히 탈피해 독자적인 행보로 고객의 이목을 끌었던 점에서는 주목할 만한 모습도 많이 보였다. 당시의 흐름은 업계를 선도하는 브랜드일수록 경쟁 브랜드와 뚜렷한 차이를 보이는 제품을 생산해 고객의 기억에 강한 인식을 오래도록 남길 수 있게 하려는 광고 전략이 주류였다. 1990년대 들어 '차별화'라는 개념이 새롭게 정립되면서 깊이 뿌리내린 전략이었다. 이에 따라 많은 기업이 차별화를 내걸고 치열한 경쟁을 추구하면서 브랜드와 상품의 수를 크게 늘려 시장으로 쏟아냈다. 여기엔 실체가 모호한 '고객 서비스 만족'이라는 구호까지 더해졌다.

반대로 아메리칸 어패럴은 기업의 사회적 활동에 적극적으로 앞장서면서 제품이나 서비스에서의 차별화 대신 고객이 느끼는 감정, 나아가 고객의 정체성을 드러내는 심리적 요소를 더욱 중요시했다. 다시 말해 브랜드가 고객과 깊이 있는 상호작용을 추구하면서 고객이 브랜드의 정체성까지 돕는 전략을 구사한 것이다. 그러나 선정적인 광고를 통한 노이즈 마케팅으로 급격하게 전략을 수정했고, 또 그만큼 예상을 넘어선 주목을 받자 브랜드 지속 여부를 가를 위기의 씨앗이 싹텄다. 창업자는 직원 채용 과정에서 외모를 최우선적으로 고려하고 급여도 외모에 따라 차등적으로 지급하게 하며 이전까지의 브랜드 이미지와는 정반대로 차별과 인권침해를 자행했다.

또한 이주노동자의 고용환경을 개선한다는 대외적 인식 역시 실상은 정반대였다. 2009년 미국 이민국은 아메리칸 어패럴

공장에서 취업 비자를 받지 않고 근무하던 불법체류 노동자 1,500명을 적발해 해고했다. 캐나다에서 미국으로 이민 온 창업자는 창업 초기부터 이민자를 고용해 직원 복지에 심혈을 기울인다는 인식을 심으려 애썼지만, 이 사건이 알려지며 기업의 도덕성은 크게 실추됐다. 급기야 전체 직원 중 절반가량이 회사를 떠나게 되면서 발생한 공백을 메우기 위해 대체인력 채용 및 교육 등 엄청난 추가 비용을 들였음에도 엎친 데 덮친 격으로 경기침체를 맞아 실적인 악화일로를 걸었다.

현재 아메리칸 어패럴은 2015년에 이어 이듬해 11월 두 번째로 파산 보호 신청을 한 뒤 캐나다의 스포츠웨어 업체인 길단 액티브웨어에 지적재산권과 일부 생산시설이 매각됐다. 재기를 노리고 있지만, 여전히 과거의 매력을 부활시키진 못하는 상태다. 아메리칸 어패럴은 사회에 긍정적인 영향을 미치는 브랜드를 표방할수록 그 구호와 실제가 부합하지 않으면 고객의 배신감도 더 커진다는 사실을 보여주는 반면교사였다.

아메리칸 어패럴은 오너 리스크가 얼마나 빠른 몰락을 부채질하는지를 보여주는 대표적 사례임에 동시에 고객의 가치와 신념에 반하는 행동을 하면 지속 가능한 성장을 할 수 없다는 교훈을 준다.

이제 막바지에 이르렀다. 이것만은 반드시 기억했으면 좋겠다.

제대로 된 브랜드를 만들기 위해서는 브랜드의 로고 및 심벌 마크 등의 외형에만 집착하면 외화내빈하고, 제품이나 서비스 등의 기능에만 충실하면 유명무실할 수 있다. 중요한 것은 브랜드에 담아야 할 가치와 철학이다. 고객의 문제를 해결하기 위해 노력하는 태도, 사회와 미래를 개선하기 위해 더 올바른 생각을 담고자 하는 태도가 유지되어야 당신의 브랜드를 공고히 구축할 수 있는 출발선에 설 수 있다. 바꿔 말하면 단순히 CI나 BI를 바꾸고 멋진 말로 치장한다고 해서 결코 브랜드의 지위를 갖출 수 없다. 고객의 선택을 이끌어낼 수도 없다는 뜻이다.

당신의 브랜드를 만들기 위한 길고 긴 여정에서 이 책이 참고서 같은 역할을 했으면 좋겠다. 반드시 읽어야 할 필독서는 아니지만 오래 곁에 두고 생각이 날 때마다 서재에서 꺼내볼 수 있는 책처럼 말이다.

부록

브랜드 전략 프로세스

THIS IS
BRANDING

브랜드 전략 프로세스: TWCA 모형

새로운 마케팅 과정의 확장 모형은 크게 4가지로 설명할 수 있다. 마케팅은 고객에게 기업 가치를 인식시키기 위해, 고객을 위한 가치를 창출하고 강력한 고객 관계를 구축하는 과정이다. 그리고 이러한 전략 모형에서 새로운 4P를 생각해서 당신의 브랜드에 적용시켜 보라.

요소 정리: 가설 논리	**고객 관점**: 특징	**본질 속성**: 차별성	**핵심 메시지**: 본질
컨셉 개발을 위한 각종 요소와 의지 표현	고객의 관점, 입장에서 제공해야 할 가치의 압축	4P를 통해 고객 가치를 전달하고 액션 플랜 도출	가장 타당한 컨셉 설정 후 결정적인 내용 구축
TRY	WATCH	CHECK	ASK
개인과 시장 파악	고객 상황 분석	액션 플랜 도출	브랜드 컨셉 구현
나는 누구인가	고객은 누구인가	나를 어떻게 설명할 것인가	나의 상품과 본질은 무엇인가
시장은 어떠한가	고객은 어떠한가	고객을 위해 무엇을 해야 하는가	고객에게 어떤 도움이 되는가

4P 전략

브랜드 전략 프로세스:
creative brand new process

앞서 본문에서 소개한 10가지 브랜드 프레임을 4가지 측면(4P)으로 분석한 뒤, 최종적으로 당신이 닮거나 되고 싶은 브랜드 프레임을 정하자. 그에 맞추어 추진 전략을 만들고 장기적으로 이끌어 가자.

0.

생각하기

닮거나, 되고 싶은 브랜드 프레임은 무엇인가?

1.

10개의 브랜드 프레임

스토리텔러	철학자
크리에이터	히든 챔피언
리씽커	혁신가
엔지니어	마스터
집사	디자이너

2.

4가지 측면으로 분석하기

Product 제품	People 사람
Professional 전문성	Promise 약속

3.

브랜드 컨셉 만들기

브랜드 프레임 선정 후, 브랜드 컨셉을 그에 맞게 구축하라

10가지 브랜드 프레임이 지니고 있는 밈

Minimum
최소 유효 시장

가장 효과적인 제품을 출시해 시장에 뛰어들어 쉬지 않고 개선한다. 전체 다수를 타깃으로 하지 않고 개인 혹은 선호하는 집단을 위해 행동한다.

Extreme
극단적 성향

경쟁자들과 전혀 다른 방식과 방향으로 진출한다. 통념과 기존 규칙을 어기며 독특한 경험을 제공한다.

Marvel
경이로움

고객과 사회가 가진 문제를 해결하기 위해 더 올바른 태도로 나아가는 노력을 기울인다.

Engage
몰입형

즐거움이라는 감성적인 기억과 이성적인 신뢰를 기반으로 긍정적인 체험을 제공함으로 가치 있는 고객 경험을 만든다.

10가지로 나뉘는 브랜드 프레임은 공통된 밈MEME을 가지고 있다. 밈이 무엇인가? 한 사람이나 집단에게서 다른 무언가로 생각 혹은 믿음이 전달될 때 모방 가능한 사회적 단위를 총칭한다. 한 마디로 '문화 유전자'이다. 10가지로 분류되는 브랜드 프레임도 "지속적으로 사람들의 마음속에 자리 잡고 브랜드의 우수성을 널리 전파하고 있는 공통된 밈"을 가지고 있다. 이들의 공통된 밈을 통해 당신 혹은 당신의 브랜드는 어떤 추진 전략을 만들어 나아가야 하는 지를 한 번 더 상기시켜 보라.

이제 정말 끝이다. 똑같은 물건을 파는 경쟁에서 아직도 가격 싸움만 하고 있는가? 현실적인 경쟁 상황에서 벗어나기 위해 강한 호기심을 통한 자극을 충족시키는 제품만 생산하고 있는가? 이제 번뜩이는 아이디어에만 목숨을 걸지 마라. 브랜드를 제대로 알고 만든 다음 기본에 충실한 브랜드 특유의 가치관을 형성하여 단단한 논리logic를 구축하고 이를 통해 마술magic을 실현하라. 매출은 결과로 따라올 것이다From Logic to Magic, Revenue will follows as a result.

브랜드를 만드는 과정에서 보면 좋은 도서

- 마크 W. 셰퍼 저, 김인수 역, 《인간적인 브랜드가 살아남는다*Marketing Rebellion*》, 알에이치코리아, 2021년.
- 미즈노 마나부 저, 박수현 역, 《센스의 재발견センスは知識からはじまる》, 하루, 2015년.
- 미즈노 마나부 저, 오연정 역, 《'팔다'에서 '팔리다'로「賣る」から,「賣れる」へ。》, 이콘, 2018년.
- 마스다 무네아키 저, 이정환 역, 《지적자본론知的資本論》, 민음사, 2015년.
- 마스다 무네아키 저, 장은주 역, 《취향을 설계하는 곳, 츠타야增田のブログ》, 위즈덤하우스, 2017년.
- 모리야마 히사코/닛케이 디자인 공저, 김윤경 역, 《0.1밀리미터의 혁신バルミューダ 奇跡のデザイン経営》, 다산4.0, 2017년.
- 마티 뉴마이어 저, 윤영삼 역, 《브랜드 반란을 꿈꾸다*Zag*》, 21세기북스, 2007년.
- 마티 뉴마이어 저, 박선영 역, 《디자인풀 컴퍼니*The Designful Company*》, 시그마북스, 2009년.
- 마티 뉴마이어 저, 김한모 역, 《브랜드 갭*The Brand Gap*》, 알키, 2016년.
- 마크 고베 저, 안장원 역, 《감성 디자인 감성 브랜딩 뉴트렌드*Brandjam*》, 김앤김북스, 2008년.
- 밥 길브리스 저, 구세희 역, 《마케팅, 가치에 집중하라*The Next Evolution of Marketing*》, 비즈니스맵, 2011년.
- 문영미 저, 박세연 역, 《디퍼런트*Different*》, 살림Biz, 2011년.
- 필립 코틀러 저, 안진환 역, 《마켓 3.0*Marketing 3.0*》, 타임비즈, 2010년.
- 스가쓰케 마사노부 저, 현선 역, 《물욕 없는 세계物欲なき世界》, 항해, 2017년.
- 케빈 로버츠 저, 양준희 역, 《러브마크*lovemarks*》, 서돌, 2005년.

- 데이비드 아커 저, 최윤희/이상민 공역, 《브랜드 연관성*BRAND RELEVANCE*》, 브랜드앤컴퍼니, 2010년.
- 그레그 크리드/켄 멘치 공저, 이경남 역, 《다시 팔리는 것들의 비밀*R.E.D. Marketing*》, 알에이치코리아, 2022년.
- 해리 벡위드 저, 홍성태 역, 《보이지 않는 손길*The Invisible Touch*》, 더난출판사, 2000년.
- 사이먼 시넥 저, 윤혜리 역, 《스타트 위드 와이*Start With Why*》, 세계사, 2021년.
- 잭 트라우트/알 리스 공저, 안진환 역, 《포지셔닝*Positioning*》, 을유문화사, 2006년.
- 미조우에 유키노부 저, 홍영의 역, 《서비스 전쟁あ客様はなぜ「伊勢丹」を選ぶの》, 동해출판, 2008년.
- 마이클 J. 실버스타인/존 부트먼 공저, 보스턴컨설팅그룹 역, 《소비자의 반란*Treasure Hunt*》, 세종서적, 2006년.
- 짐 콜린스 저, 이무열 역, 《좋은 기업을 넘어 위대한 기업으로*Good to Great*》, 김영사, 2021년.
- 리처드 탈러 저, 박세연 역, 《행동경제학*Misbehaving*》, 웅진지식하우스, 2021년.
- 세스 고딘 저, 안진환 역, 《마케터는 새빨간 거짓말쟁이*All Marketers Are Liars*》, 재인, 2007년.
- 세스 고딘, 저, 안진환 역, 《이제는 작은 것이 큰 것이다*Small Is the New Big*》, 재인, 2009년.
- 세스 고딘 저, 안진환 역, 《더 딥*the dip*》, 재인, 2010년.
- 세스 고딘 저, 이주형/남수영 공역, 《보랏빛 소가 온다*Purple Cow*》, 쌤앤파커스, 2023년.
- 세스 고딘 저, 안진환 역, 《보랏빛 소가 온다 2 *Purple Cow 2*》, 재인, 2005년.

디스 이즈 브랜딩

1판 1쇄 인쇄 2024년 6월 14일
1판 1쇄 발행 2024년 7월 2일

지은이 김도환

발행인 양원석 **책임편집** 이수빈
디자인 김유진, 김미선 **영업마케팅** 양정길, 윤송, 김지현, 정다은, 백승원

펴낸 곳 ㈜알에이치코리아
주소 서울시 금천구 가산디지털2로 53, 20층(가산동, 한라시그마밸리)
편집문의 02-6443-8867 **도서문의** 02-6443-8800
홈페이지 http://rhk.co.kr
등록 2004년 1월 15일 제2-3726호

ISBN 978-89-255-7483-7 (03320)